SORTIR
D'UN RÊVE,

PAR

EUGÈNE DE MIRECOURT.

2

PARIS.

BAUDRY, LIBRAIRE-ÉDITEUR,
27, RUE COQUILLIÈRE.
1839.

SORTIR D'UN RÊVE.

PARIS — IMPRIMERIE DE LB. THOMASSIN ET COMP.,
Rue Saint-Sauveur, 50.

SORTIR
D'UN RÊVE,

PAR

EUGÈNE DE MIRECOURT.

BAUDRY, LIBRAIRE-ÉDITEUR,

27, RUE COQUILLIÈRE.

1839.

SORTIR D'UN RÊVE.

I

Un second amour.

Autrefois je n'étais qu'un pauvre diable n'ayant pas un sou vaillant. Seul, et tristement assis sur le grabat de ma mansarde, je me tenais ce discours: « La vie est une dérision ; l'homme « une balle avec laquelle Dieu s'amuse, et qu'il « envoie au milieu des fleurs ou lance dans la

« boue, selon sa fantaisie... Je suis dans la « boue, il ne me plaît pas d'y rester! » Là-dessus, prenant un rasoir, je me disposais à me couper la gorge, lorsque la portière vint m'apporter une lettre... O bonheur!... J'héritais de QUINZE MILLE LIVRES DE RENTE!... Je fis sauter mon rasoir par la fenêtre, et j'embrassai la portière qui avait soixante-cinq ans. « La vie, m'écriai-je, « c'est le plus beau présent du ciel! L'homme « est l'enfant gâté du Créateur..... Vivent l'a- « mour et la folie! » Quelques jours après, je fis la rencontre d'un de mes anciens amis qui n'était plus évidemment de mon bord, attendu qu'il avait une redingote râpée. — Enchanté de vous voir! me dit-il, en me serrant la main; je vous félicite de votre changement de fortune... — Monsieur se méprend sans doute, lui répondis-je : je n'ai pas l'honneur de le connaître... — Comment donc?... Il n'y a pas un mois que nous avons dîné ensemble. — Encore une fois, monsieur se trompe... Viens Adolphe.

Adolphe était comte. Nous venions de nous jurer une amitié éternelle... Décidément, en sa compagnie, je ne pouvais pas connaître un prolétaire.

Le lendemain je revis le même individu, qui cette fois passait sans me parler. Je courus le rejoindre et lui présentai, pour qu'il s'achetât une redingote, un billet de mille francs... qu'il accepta.

J'ai cabriolet, un appartement sur le boulevart et cinq à six maîtresses. J'aimais l'une d'entre elles à l'adoration, puis je l'ai détestée pendant un mois, parce qu'elle avait mis en tête d'une lettre qu'elle m'adressait, et en caractères très prononcés : *Mon chair Airneste*. Depuis elle fait rédiger ses épîtres par un écrivain public, et je l'adore de nouveau.

Quelqu'un nous fit, entre deux verres de

champagne, cette narration que nous reproduisons à la lettre.

Expliquez-nous l'homme!... Nous vous trouvons à l'instant le moyen d'aller dans la lune, la quadrature du cercle, ou le mouvement perpétuel.

« Pourquoi suis-je aujourd'hui si différent de
« ce que j'étais hier? Pourquoi des circonstan-
« ces fortuites changent-elles mes idées, mes sen-
« timents, tout mon être, et cela malgré moi,
« sans la moindre intervention de ma volonté? »
Alfred se serait mis long-temps encore la tête à la torture avant de résoudre ce problème. Le fait est que, en sa qualité d'homme, ou de *girouette vivante*, il devait tourner comme les autres au gré des vents. Le nouveau secrétaire honoré de la faveur d'un grand, transporté comme par magie au milieu d'un monde éblouissant, parfumé, rempli de toutes sortes de séductions, n'était plus le pauvre poète trot-

tant à pied dans les rues de Paris. Les souvenirs de la province lui paraissaient mesquins et presque ridicules, comparés à ce qu'il voyait autour de lui. Disons-le même, puisqu'il le faut : l'image de la simple jeune fille de province qu'il avait tant aimée pâlissait devant les Parisiennes élégantes entourées de tout le prestige des modes, et qu'il voyait tantôt, sémillantes et légères, suivre dans l'atmosphère des bals l'impulsion d'une musique enivrante, tantôt, graves et sentencieuses, poser avec dignité sur le canapé des salons. Nous doutons fort qu'Alfred eût fait parvenir une lettre aussi pressante au général, s'il eût tardé quelques jours de plus à l'écrire... A quoi tiennent cependant les affections du cœur de l'homme et les serments d'un premier amour !..

La duchesse avait pris sur elle d'environner son époux de ces prévenances délicates qui, sans autoriser de plus grandes faveurs, charmèrent d'autant plus le vieillard qu'il s'attendait moins à cette nouveauté. Tous ceux qui entouraient le duc d'Etanges se ressentirent immédiatement de sa satisfaction, Alfred surtout dont la présence était le talisman qui opérait ce prodige. Le duc le prit en affection et le traita comme son fils. « Ce jeune homme, disait-il, paraît réunir les « plus belles qualités. Son extérieur est noble, « ses manières distinguées; et, s'il ne détruit « pas la bonne opinion que j'ai conçue de lui, « ma protection ne l'abandonnera pas, même « après ma mort. » Aussi voyait-il avec peine que la duchesse semblait dédaigner d'abaisser un seul regard sur le jeune secrétaire, et ne lui adressait jamais la parole. Il attribuait cette manière d'agir, résultat des conseils prudents que la marquise donnait à Laure, à l'orgueil aristocratique qui croit s'humilier en prenant, avec une autre classe que la noblesse, un ton prévenant et des manières engageantes. Le duc résolut de détruire cette espèce d'aversion que Laure jouait avec tant d'adresse.

Un soir, ils étaient ensemble à l'Opéra. Le

modeste protégé, assis au fond de la loge, comtemplait le spectacle avec l'admiration naïve de ceux qui voient pour la première fois ces représentations magiques : singulier contraste vis-à-vis de l'indifférence des habitués, nonchalamment étendus sur leur siége, et daignant à peine, de temps à autre, diriger un coup d'œil sur la scène.

— Madame, dit le duc à voix basse, je sais que vous aimez la poésie : seriez-vous curieuse d'entendre quelques-unes des productions d'un jeune auteur de notre connaissance?

— Certainement, reprit la duchesse. Et ce poète a-t-il du talent ?

— Vous en jugerez, madame : car je pense, ajouta le duc en se tournant vers Alfred, que monsieur ne refusera pas de vous lire ses chefs-d'œuvre.

— Pourvu que madame la duchesse me promette son indulgence, répondit Alfred en rougissant...

— Je vous la promets, monsieur, bien convaincue que vous n'en aurez pas besoin.

Le duc demandait le lendemain à sa femme ce qu'elle pensait des poésies d'Alfred.

— Ses vers sont passables, répondit-elle avec indifférence; mais il les lit fort bien.... je vous conseille de faire votre lecteur de ce jeune homme.

— Non pas le mien, car j'aime peu la lecture; mais le vôtre, si cela vous fait plaisir...

— Y pensez-vous? dit la duchesse, dissimulant la joie qu'elle éprouvait à cette proposition. Il n'est pas d'usage...

— Vous amènerez la mode. Je suis persuadé que toutes nos belles dames vous imiteront et voudront avoir chacune un lecteur..... Elles ne peuvent pas espérer de trouver un plus gracieux modèle.

— Vous êtes d'une galanterie, monsieur le duc.....

— Acceptez-vous?

— Je me rendrai ridicule pour vous plaire.

— Il vous est impossible de l'être.

Le duc embrassa sa femme. Il était enchanté : pauvre homme !

Tous les jours Alfred eut donc son entrée dans l'appartement de la duchesse. Assis sur un modeste pliant, près de l'ottomane où la jeune femme était penchée dans un gracieux abandon, il commençait par lire quelques pages ; mais sa lecture était bientôt interrompue pour faire place à des causeries, réservées d'abord, et qui ne tardèrent pas à devenir familières. Leurs entretiens n'offraient plus d'images de tristesse : il semblait y'avoir entre eux une espèce de convention tacite de ne plus renouveler la scène du parc... Laure voulait oublier sa douleur. Quelquefois le duc venait troubler ces dangereux tête à tête; mais alors, comme on était toujours averti de son approche, il trouvait Alfred en train de lire et sa femme écoutant avec un air froid et calme. Jamais une idée de jalousie ne s'avisa d'entrer dans son esprit. Il croyait la duchesse trop orgueilleuse et trop entichée de son rang pour s'abaisser à un amour obscur; et d'ailleurs elle était avec lui d'une amabilité qui eût dissipé toutes ses craintes, quand même il aurait pu en concevoir. Le duc se trouvait heureux : pauvre homme !

Pour Alfred, il serait difficile de rendre compte de l'état de son âme. Il se voyait aimé et reconnaissait avec effroi, en interrogeant son cœur, qu'il ne répondait que trop aux sentiments qu'il inspirait. Il sentait qu'il fallait fuir, échapper à la séduction par un moyen violent; mais alors comment expliquer sa conduite au duc, qui l'avait en quelque sorte placé lui-même aux genoux de sa femme ?... Cet amour criminel était en opposition avec tous ses principes de vertu. Alfred ressemblait à un malheureux dont tous les efforts tendent à s'éloigner d'un précipice et qu'une désespérante fatalité ramène sans cesse sur le bord de l'abîme. Il se représentait avec horreur tout ce qu'il y aurait d'ingratitude à déshonorer un homme qui le comblait de bienfaits... Le souvenir de Maria venait redoubler ses remords. Cette jeune fille s'était confiée à son amour, et lui la trahissait, au mépris des promesses les plus sacrées !... car il n'ignorait pas le succès de la démarche du général, et ce dernier ne recevait pas ses remercîments; Maria ne voyait plus arriver de réponses à ses lettres...

Il se serait cru plus coupable encore en feignant une affection qu'il sentait s'évanouir. Cette situation d'esprit n'aurait pas été tenable sans les nombreuses distractions qui l'aidaient à s'étourdir. La vue de la duchesse était une séduction contre laquelle il n'avait point de défense; près d'elle il oubliait ses remords ; une seule parole de cette femme lui eût fait braver les plus cruelles tortures... Et, las enfin de combattre inutilement sa passion, il s'y abandonna avec la fougue d'une conscience qui veut s'étourdir. Les regards de Laure avaient trop d'éloquence pour qu'Alfred ne comprît pas qu'il était aimé. Il résolut de profiter du premier moment où il serait seul avec elle pour lui déclarer son amour... Cette occasion se présenta le soir même à l'Opéra, dans ce même lieu où l'imprévoyance d'un mari avait donné naissance à leurs relations. Le duc était sorti de sa loge pour aller saluer l'ambassadeur d'Angleterre : Alfred s'approcha de la duchesse, qui l'engageait, par un sourire enchanteur, à s'asseoir à ses côtés.

— Qu'avez-vous donc ce soir ? lui demanda-t-elle : vous me paraissez tout ému...

— Oui, je suis ému, madame... car votre réponse à ce que vous allez entendre me rendra le plus heureux ou le plus infortuné des hommes !...

— Je vous écoute, dit Laure avec un sang-froid que démentait le battement précipité de son cœur.

— Sachez donc un secret, madame la duchesse... un secret que j'aurais dû peut-être étouffer dans mon sein; mais il eût fallu mourir, et mourir sans avoir fait connaître à celle que j'aime tous les transports, tout le délire de mon amour... Oh! c'eût été trop cruel!... Une femme, je devrais dire un ange, puisqu'elle réalise toutes les images que je me suis jamais formées d'une apparition céleste, s'est rencontrée dans ma vie de jeune homme, resplendissante comme un rayon de l'aurore après une nuit de tempête. Cette femme, j'ai voulu la fuir... J'ai combattu avec désespoir la passion qui envahissait mon âme, car c'est une grande dame, une créature si belle que les rois déposeraient avec ravissement leur couronne à ses pieds... Et je n'avais à lui offrir que mon cœur! Je voyais entre elle et moi la distance effrayante qui nous séparait;

mais jugez, madame, s'il me fut possible de vaincre mon amour; comprenez mon ivresse et ma joie quand j'ai cru lire dans ses yeux que l'aveu de cet amour ne lui déplairait pas...

— Vous êtes présomptueux, monsieur...

— Hélas! si ce n'était qu'une illusion, par pitié ne la détruisez pas!... Laissez-moi mon rêve, mon beau rêve si plein de délices et de bonheur!... Mais non, je ne me trompais pas : Ces yeux charmants n'ont pas pour d'autres le même regard que pour moi; ces purs accents qui résonnent à mon oreille comme une voix des cieux ne peuvent être que l'écho d'un cœur aimant...

— Mon mari quitte la loge de l'ambassadeur, dit la duchesse effrayée : de grâce, changez de conversation...

— Un seul mot encore... Celle que j'aime comme je n'aurais jamais cru qu'un homme pût aimer, vous l'avez compris, madame, c'est vous!... vous dont j'ai vu couler les pleurs, vous à qui je voudrais épargner une heure de souffrance au prix de tous mes jours!... Décidez de mon sort... dois-je aller pleurer loin de vous mes espérances de bonheur?

— Restez!

Un regard plein d'amour accompagna cette parole.

Le duc, comme tous les maris qui possèdent et conserveront toujours le privilége exclusif d'être aveugles, ne s'aperçut ni du trouble d'Alfred, ni de l'agitation de sa femme... Il se mit à parler politique...

II

Ne fermez pas le volume.

Nous croyons devoir prévenir les reproches que pourraient nous adresser nos lecteurs en voyant qu'au nombre des belles qualités que nous attribuons à notre héros, nous oublions la constance. Et d'abord la constance existe-t-elle sur la terre ?... Nous pourrions le nier sans avoir besoin de recourir au sophisme; mais nous craignons de soulever de nombreuses réclamations de la part de ceux qui prétendent posséder cette vertu, et puis il nous semble voir une de nos aimables lectrices, immédiatement après avoir parcouru le chapitre qui précède, lancer notre livre loin d'elle avec dépit. Ceci devient sérieux, et nous fait trembler pour nous et notre éditeur, car nous tenons, avant tout, à nos lectrices.

— Nous vous en supplions, belle dame, écoutez-nous avant de vous livrer à l'indignation. *Ne fermez pas le volume* sans avoir entendu la justification d'Alfred.

— Vous ne prétendez pas le justifier, j'espère?

— Mon Dieu, madame, écoutez-nous. En ce monde, vous ne l'ignorez pas, il faut faire la part des circonstances. Tel est resté fidèle à sa maîtresse qui, si l'occasion se fût présentée d'en aimer une autre, aurait probablement succombé.

Votre sexe a tant de puissance, tant d'attraits irrésistibles!... Figurez-vous une prairie où les fleurs les plus belles et les plus rares s'épanouissent au soleil du printemps. Une troupe ailée de papillons voltige au milieu de cette prairie ; ils se posent sur les bords d'un calice éblouissant, s'enivrent de ses parfums, le caressent avec amour de leurs ailes dorées, et bientôt, entraînés par le zéphir, vont porter plus loin leur inconstant hommage. La fleur abandonnée se flétrira-t-elle?.... Non, car un autre zéphir lui rapporte un amant auquel elle prodigue de nouveaux parfums en échange de ses baisers... Les zéphirs sont les circonstances, nous sommes les papillons, vous êtes les fleurs.

— Votre comparaison est détestable. Une pauvre femme délaissée conserve le souvenir de l'ingrat qu'elle aimait; elle repousse avec horreur une autre affection, d'autres hommages.... Il ne lui reste que ses regrets et ses larmes.

— C'est vrai, madame..... voilà de la constance... Pardonnez-nous notre allégorie, qui du reste est assez classique et n'a pas le mérite de la nouveauté. Comme vous, nous plaignons sincèrement cette jeune fille que nous avons vue si heureuse en apprenant, de la bouche de son père, qu'Alfred serait son époux. Elle doit se désoler d'un silence que toutes ses conjectures ne peuvent expliquer; mais songez à la pénible alternative, où se trouvait Alfred, de tromper Maria ou de lui avouer qu'elle était remplacée dans son cœur. Il fallait être parjure ou cruel : Alfred n'était ni l'un ni l'autre. Il a combattu ce nouvel amour et pleuré son inconstance. Pouvait-il donc fuir la duchesse et résister à la séduction de ses charmes?.... Notre perfection n'approchant pas, malheureusement, de la perfection des anges, nous croyons qu'un pareil effort était au dessus de la nature.

III

Les deux carabins.

— C'est donc aujourd'hui que nous commençons l'attaque? dit Frédéric en donnant un vigoureux coup de poing sur l'épaule de son estimable ami. Je vois que tu rédiges la lettre en question..... Mais où diable as-tu appris à te coiffer ainsi?

Dutac, qui venait de se lever, avait la tête enveloppée d'une cravate noire exactement arrangée comme la coiffure des statues égyptiennes, et dont la couleur, tranchant avec sa figure blême, lui donnait un air extrêmement original.

— C'est mon secret, répondit-il à Frédéric.
— Ah! c'est ton secret..... Et il n'y a pas moyen de le connaître?

— Pour peu que tu y tiennes, je veux bien te le dire..... Laisse-moi d'abord achever cette lettre.

Frédéric alluma un cigare et se promena dans la chambre, qui fut bientôt remplie de crachats et de fumée. A dire vrai, il n'y avait pas grand dommage; car c'était bien le galetas le plus immonde qui fût dans le quartier latin. Dutac s'y trouvait mieux à l'aise que dans les logements des étages inférieurs, où il eût fallu *observer la propreté*. Il ne permettait à la portière d'entrer chez lui qu'une fois par semaine : encore n'était-ce que pour faire son lit. Il lui défendait expressément de toucher aux différents objets dispersés dans sa chambre, et surtout de la balayer, prétendant que la couche de poussière et de boue qui s'y épaississait chaque jour lui donnerait, à la longue, la facilité de faire croître à domicile des plantes médicinales. Deux squelettes étaient suspendus, l'un à la tête et l'autre au pied de son lit. Chacun d'eux avait un bonnet rouge et portait un cigare à la bouche. Sur une table placée dans un coin du galetas, des livres de médecine et des instruments de chirurgie se trouvaient côte à côte avec des paquets de tabac, des cigares à demi consumés, des bouts de chandelles, une brosse à dent, des peignes et un pot à l'eau crasseux qui servait à la toilette du carabin. La cheminée était ornée d'un grand bocal rempli d'esprit de vin et contenant un enfant monstre. Au dessus du bocal on voyait, suspendus à des clous, deux pistolets, un poignard et une collection de pipes qui variaient depuis le calumet jusqu'au *brûle-gueule*. Plusieurs robes accrochées au mur à côté des habits d'homme, montraient qu'une femme partageait ce taudis, ce qui en eût rendu plus inexcusables encore le désordre et la malpropreté si Dutac n'avait tenu essentiellement à ce que sa chambre ressemblât à une écurie. Aglaé, d'ailleurs, ne faisait chez lui qu'un séjour momentané, et il lui avait intimé la même défense qu'à la portière.

Quand la lettre fut terminée, Frédéric la saisit avec empressement; mais, après quelques efforts pour la lire, il la rendit à son auteur.

— Déchiffre-moi ton griffonnage, lui dit-il; je n'y vois goutte.

— Je te lirai cela chez Véfour, reprit Dutac en s'habillant à la hâte. Aglaé peut entrer et avoir la fantaisie de déjeuner avec nous. Je pense que tu ne tiens pas plus que moi à sa compagnie.

— Et cette lettre, quand l'écrira-t-elle ?

— Ce soir à ma dictée. Ensuite, pour être sûr de ton fait, tu la jetteras toi-même à la poste.

Les deux carabins se dirigèrent vers le Palais-Royal. Chemin faisant, Frédéric rappela au souvenir de Dutac la promesse qu'il lui avait faite de lui expliquer l'énigme de sa coiffure de nuit.

— J'ai peut-être eu tort de prendre cet engagement, répondit celui-ci, car tu es aujourd'hui en opposition avec les principes de la secte dont cette coiffure et la coupe de mon gilet sont les marques distinctives : l'une est pour l'intérieur, l'autre pour le dehors ; il suffit présentement que nos frères puissent se reconnaître à certaine partie de leur toilette. Tu sauras donc que je suis lié à une association d'hommes courageux qui ont formé le projet de détruire les innombrables abus existant en ce monde, et ne prétendent à rien moins qu'au renouvellement de la société tout entière... En deux mots je vais te mettre au courant...

Nous déclarons guerre à mort à la propriété, qui, dans le principe, n'a pu avoir pour base qu'une usurpation. La terre est à tous les hommes; ils doivent tous en jouir également comme de la lumière du soleil, comme de l'air qu'ils respirent. Ne serait-il pas ridicule que je n'eusse qu'un pouce de terre et que tu en possédasses des milliers d'arpents ?

— J'en conviens, dit Frédéric. Donc, à bas la propriété !

— Tu l'as dit. Il existe en outre dans le corps social des espèces de vampires altérés du sang des peuples, et dont la féroce avidité n'est jamais satisfaite : je parle des capitalistes, de ces accapareurs de millions qui nous éclaboussent dans les rues avec leurs fastueux équipages... Qu'un homme soit cousu d'or quand je n'ai pas un sou dans ma poche, c'est intolérable... A bas les capitalistes !

Nous voulons anéantir aussi cette manie de la

propriété qui s'étend jusque sur les femmes, abus d'autant plus monstrueux qu'il est entièrement opposé aux lois de la nature, car les femelles des animaux n'appartiennent pas exclusivement à un seul mâle. Lorsque la vue d'une femme fait naître en vous des désirs amoureux, n'est-il pas absurde qu'un mari vienne se prévaloir de ses droits et vous défendre l'approche de celle que vous aimez?... Pour ne plus être exposés à de pareilles avanies, nous avons proclamé la communauté des femmes... Ah! tu fronces le sourcil, toi qui veux, en te mariant, devenir un des tyrans du beau sexe!... Aussi, te le disais-je tout à l'heure, tu es en opposition avec nos principes : moi-même, en travaillant à faire réussir ton mariage, je commets une inconséquence que mon amitié pour toi rend à peine excusable.

— Rengaîne tes scrupules... Tous ces beaux projets ne se réaliseront jamais.

— Ah! tu crois cela?... Désabuse-toi, mon

cher. Nos plans sont jetés avec trop de justesse pour que notre doctrine ne soit pas universellement adoptée. De nombreux apôtres vont se répandre dans la province; leur éloquence, n'en doute pas un instant, fera des prodiges, et ils ne peuvent manquer d'opérer la conviction par leur logique foudroyante. Puis, quand nous aurons un nombre suffisant de prosélytes, nous aviserons à nous réunir en corps... Tu verras quelle société-modèle nous allons offrir à l'admiration du monde..... Plus de priviléges ni de distinctions, égalité complète entre tous les *fils de la femme!...* Tout devant être mis en commun, celui qui voudra se faire admettre devra d'abord renoncer à la possession privée de ses biens, s'il en a; et, ses capacités une fois reconnues, on le placera dans la section qui sera le plus en rapport avec ses talents ou son industrie..... Par exemple, il sera très possible qu'un duc et pair devienne porte-faix, ou un agent de change, vidangeur..... Justice rigoureuse pour tous!

Les différents besoins d'une localité détermineront le nombre des sections. Il y aura la section des tailleurs, des bottiers, des médecins, etc... Quand ma redingote sera jugée trop mûre ou que mes bottes auront fait du service en suffisance, je n'aurai qu'un mot à dire pour être habillé à neuf des pieds à la tête... et sans payer les fournisseurs, attendu qu'ils verront eux-mêmes tous leurs besoins satisfaits. L'argent deviendra donc un meuble inutile : il sera mis en caisse et employé seulement au commerce extérieur.

— Mais les femmes, les femmes! interrompit Frédéric.

— J'y arrivais... Les femmes jusqu'à ce jour n'ont été que des esclaves : elles seront libres et entièrement maîtresses d'accorder leurs faveurs au premier venu, sans qu'elles perdent pour cela, comme aujourd'hui, l'estime et la considération publique. Quand deux individus de sexe différent seront fatigués de leurs relations ou ne s'aimeront plus, ils devront se séparer à l'amiable...

— Délicieux!..... Et que feras-tu des enfants?

— Frédéric, tu deviens stupide avec tes interruptions... Ils devront, dis-je, se séparer à l'amiable. Si la femme n'a pas d'amant sous sa main, elle se rendra à la section de réserve, où ceux qui sont veufs viennent faire leur choix : elle ne tardera pas à trouver un remplaçant à sa guise... Maintenant, puisque tu tiens à connaître le sort de la progéniture, tu sauras que l'éducation des enfants ne concernera pas le moins du monde ceux qui les auront faits. Les mères pourront les nourrir, si bon leur semble, et les garder près d'elles jusqu'à l'âge de sept ans; mais alors ils deviennent la propriété de l'état. Des hommes habiles modifient leur éducation d'après les dispositions qu'ils reconnaissent en eux, d'après leur caractère qu'ils étudient..... A vingt ans, ils entrent dans la section qui leur est assignée.

Tu dois comprendre que dans une société si judicieusement organisée, on ignorera jusqu'au nom de la misère. Une foule de vices, auxquels le besoin ou l'ambition donnent naissance, seront inconnus chez nous. Tous participeront également aux plaisirs comme aux travaux. Nul citoyen ne sera dispensé du service militaire à moins qu'il ne soit boiteux, manchot, bossu, ou gratifié par la nature de quelques autres défauts analogues de constitution. Les femmes elles-mêmes seront libres de s'enrôler : je parle de celles qui font exception à la pusillanimité naturelle à leur sexe. Mais ces mesures belliqueuses ne doivent être que provisoires, puisque l'universalité des hommes ne tardera pas à nous imiter, et que le globe n'offrira bientôt plus qu'une immense réunion de frères... Je te réserve pour une autre fois de plus longs détails. Nous arrivons, et cet entretien serait trop sérieux pour un déjeuner à discrétion.

— Ma foi, dit Frédéric en ouvrant la porte

du restaurant, ce système me revient assez. Je te promets, si mon mariage ne réussit pas, d'en devenir un des plus zélés défenseurs... Quel nom donnez-vous à votre association?

— Il nous est défendu de le révéler à qui que ce soit, jusqu'au moment où nous paraîtrons au grand jour, la hache à la main, pour saper les fondements d'une société pourrie, moment éloigné peut-être encore, car nous voulons prévoir tous les obstacles et nous assurer du succès.

— Il nous reste, à ce qu'il me semble, le loisir de bien déjeuner, dit Frédéric. A présent, continua-t-il, lorsque Dutac eut donné ses ordres, lis-moi ta lettre en attendant les côtelettes...

— Elle n'est pas longue, reprit Dutac, en tirant un papier de sa poche; mais elle ne peut manquer de produire son effet; écoute...

Mademoiselle,

« Je vous envoie une bague sur laquelle est
« gravé votre nom. Cette bague m'a été donnée
« par un homme qui vous trahissait, et qui vient
« de me trahir à mon tour pour voler dans les
« bras d'une autre femme.... »

— A merveille! s'écria Frédéric.

— Je te prie d'observer, reprit Dutac, que chaque accusation est suivie d'une preuve... Voici maintenant quelque peu de sensibilité : cela était nécessaire...

« A peine si je puis retenir mes larmes en
« pensant à la douleur que vous allez ressentir,
« vous qui paraissiez tant l'aimer... C'était un
« monstre!... Il me lisait vos lettres, me mon-
« trait celles qu'il vous envoyait; il eut même
« l'indélicatesse de me faire écrire à sa dictée la
« première que vous avez reçue, se jouant ainsi
« de votre amour, riant avec moi de sa fourbe-

« rie et de ses mensonges... Je vous envoie la
« copie de cette lettre : je l'avais gardée. »

—Preuve assommante! dit Frédéric.

— Qu'en dis-tu ?... J'achève...

« Oh! j'aurais dû comprendre tout ce qu'il
« y avait de bassesse et de lâcheté dans son
« cœur!... Je me croyais aimée, et je ne l'étais
« pas plus que vous, mademoiselle : nous som-
« mes bien à plaindre d'avoir si mal placé notre
« affection. Puisse le ciel se charger de notre
« vengeance!... J'ai rempli mon devoir en vous
« dévoilant sa perfidie; mes torts envers vous
« sont expiés par une révélation qui doit vous
« épargner un plus grand malheur.

« AGLAÉ. »

— Bravo, mon cher ami! s'écria Frédéric. La
peste m'étouffe, si j'aurais jamais eu ton habileté!... Ah! rimeur du diable, vous vouliez nous
souffler notre prétendue?... Halte-là, morbleu!

un joli minois et dix mille livres de rente ne s'abandonnent pas ainsi... Tu viendras à ma noce, Dutac...

— Bien entendu... Dis-moi, faut-il ajouter au bas de cette lettre un post-scriptum pour offrir mes amitiés à la petite cousine?...

— Allons donc, farceur!...

IV

Le jour de l'an.

Le lecteur a dû s'apercevoir déjà que nous avions la manie des digressions, défaut très répréhensible dont nous voulions autrefois nous corriger ; mais, après de vains efforts, il s'est tellement enraciné dans notre caractère qu'il nous arrive parfois de le regarder comme une qualité.

« En effet, disons-nous dans ces moments
« où nous perdons évidemment la tête, pour-
« quoi suivre toujours la même route et ne pas
« prendre, sur notre droite ou notre gauche,
« quelque sentier détourné qui rompe la mono-
« tonie du voyage? »

Et, sans plus de réflexions, nous quittons le le grand chemin pour courir, à tort et à travers, dans les guérets et les broussailles, peu soucieux d'égarer avec nous nos compagnons de voyage, à qui nous servons de guide, et qui jurent tout bas après nos fantaisies déplacées et notre course vagabonde... Voici donc encore une digression, et nous n'osons pas promettre que ce soit la dernière.

Parmi les nombreuses traditions laissées à la postérité par nos bons aïeux, il en est une qu'ils auraient fort bien pu se passer de nous transmettre. Nous parlons de l'obligation où nous sommes, le premier janvier de chaque année, de faire une provision de souhaits plus ou moins sincères et de les distribuer gravement à nos parents, amis et connaissances, qui nous paient exactement en pareille monnaie.

Ce jour est réellement un jour de tribulations pour tous...

Pour le monarque obligé d'entendre l'expression des vœux ardents qui demandent au ciel le bonheur de son règne, et les protestations d'un dévouement auquel il ne croit pas;

Pour le courtisan incliné jusqu'à terre qui débite au pied du trône sa période forcée;

Pour le ministre intimidé par le torrent d'employés qui déborde dans son cabinet, et pouvant à peine répondre au discours adressé l'année d'auparavant à son prédécesseur, et réservé, d'année en année, à tous les ministres futurs;

Pour le modeste expéditionnaire faisant la courbette à son chef de division, et tirant ensuite à regret, de sa poche, qu'il ne sent déjà que trop vide, un écu destiné au garçon de bureau qui lui souhaite de l'avancement;

Pour le principal de collége surpris dans son lit par une nuée d'écoliers, et très mortifié de répondre en bonnet de coton au discours fleuri d'un rhétoricien;

Pour le directeur d'un théâtre assailli de compliments comiques et ne pouvant se dispenser de payer à toute la troupe, y compris le souffleur, un excellent déjeuner;

Pour le pauvre enfant à qui, depuis un mois, son précepteur apprend des vers, et qui, manquant de mémoire au moment de les réciter, se met à pleurer à chaudes larmes, tant il craint de n'avoir pas d'étrennes ;

Pour le vieillard infirme, un pied dans la tombe, qui s'entend souhaiter des jours éternels ;

Pour la femme de quarante ans à laquelle on prédit la conservation de ses charmes ;

Pour nous enfin qui sommes en butte, non seulement pendant ce jour, mais pendant le mois entier, aux vœux stupides de la ménagère, du porteur d'eau, du facteur et du portier, vœux qui s'adressent avant tout au contenu de notre bourse. Ces tribulations ne sont rien encore comparées à l'ennui dont nous sommes obsédés en entendant le tintement perpétuel de notre sonnette qui nous annonce une visite à chaque minute. A peine s'il nous reste le temps de lire les modèles variés de style épistolaire propagés par toutes les pensions de Paris, où nous avons neveux et nièces, cousins et cousines, filleuls et filleules, dont la reconnaissance et l'affection pleuvent sur nous, de toutes parts, conjointement avec des souhaits de bonheur en cette vie et en l'autre.

Il nous est passé quelquefois par l'esprit une idée bizarre. Si Dieu voulait jouer un bon tour au genre humain, il devrait profiter du premier janvier et faire sortir de toutes les bouches qui mentent, ce jour-là, les pensées contraires cachées au fond du cœur... Il serait très curieux, par exemple :

AU LIEU DE CES PAROLES QUE L'ON VOULAIT PRONONCER,	D'ENTENDRE CELLES-CI :
« Puissiez-vous vivre longtemps encore, mon bon oncle !... Ma jeunesse a besoin de vos conseils. »	« J'attends votre mort avec impatience pour payer mes créanciers et acheter un cheval anglais. »
« Il est inutile de vous souhaiter du bonheur dans votre ménage : avec vos charmes et vos vertus, on est sûre du cœur d'un époux. »	« Votre mari vous déteste ; il est mon amant... Lorsqu'il aura réalisé des fonds en suffisance, nous passerons ensemble à l'étranger. »
« J'ai le plus grand désir que ta pièce ait du succès. La mienne est tombée, mais je n'ai pas ton talent... »	« Je viens d'acheter un sifflet pour la première représentation de ton vaudeville... Le mien valait mieux. »
« J'ai commencé l'année par vous servir. Je viens à l'instant de parler au ministre en votre faveur. »	« Le ministre a manifesté l'intention de vous donner une place : je lui ai dit que vous étiez une *ganache*. »

Convenez avec nous que ce serait un excellent tour à jouer à ceux dont les protestations sont si belles et les pensées si noires.

Nous détestons le jour de l'an parce que tout ce qui est commandé par l'usage et les convenances est rarement sincère. Nous conseillons à tout honnête homme, qui a des instants et de l'or à dépenser, de prendre, le trente-un décembre de chaque année, sa canne et son chapeau, de s'envelopper chaudement d'une houppelande qui puisse braver la neige et les frimas, et de monter en diligence pour aller habiter pendant tout le mois de janvier quelque lieu de la terre où nos usages soient totalement inconnus... Il évitera les baisers de Judas et les poignées de main perfides.

C'est désormais le parti que nous sommes décidés à prendre, quand nous aurons des instants et de l'or à dépenser.

V

Les étrennes.

On sait que le duc avait logé son secrétaire dans son hôtel. L'appartement d'Alfred se trouvait au second étage, immédiatement au dessus du corps de logis qu'habitait la duchesse; il était composé d'une antichambre, d'un cabinet de travail et d'une chambre à coucher. Cette dernière pièce, ornée simplement, mais avec goût, s'ouvrait sur un escalier dérobé qui descendait au premier étage et aboutissait au fond d'une galerie..... Là se trouvait une porte dont Alfred avait la clé. Un mois s'était écoulé depuis qu'il avait entendu sortir de la bouche de Laure cette parole si pleine d'amour et d'espérance : « Restez ! » Leurs relations en étaient venues à ce point d'intimité où la distance des rangs s'efface, où nulle considération ne peut plus empêcher une femme d'ouvrir les bras à celui qu'elle aime et de s'enivrer du bonheur de voir son amant à ses pieds..... son amant qui l'admire et la contemple avec ravissement, qui l'adore aujourd'hui et demain l'oubliera peut-être... Mais Laure était trop heureuse pour concevoir seulement la possibilité de l'inconstance. Le bonheur lui avait rendu tout l'éclat de sa beauté ; ses vives couleurs étaient revenues ; la dernière trace de la tristesse avait disparu de son front.

Le matin du premier janvier, la duchesse

s'était levée rayonnante et les traits empreints d'une douce satisfaction. Elle écoutait en souriant les compliments intéressés de ses femmes, et s'occupait à entourer d'une enveloppe de satin un livre magnifiquement relié. Quand elle eut posé son cachet sur l'enveloppe, elle remit ce livre au laquais qui devait le porter, récompensa généreusement les souhaits de bonheur qu'on venait de lui faire, et monta dans sa voiture pour se rendre chez la marquise, où elle devait déjeuner.

Alfred était dans son lit, savourant la volupté de cet état de langueur physique qui tient le milieu entre la veille et le sommeil, et que nous quittons avec tant de regrets en hiver pour aller respirer l'air glacé du dehors. Le domestique que le duc avait mis à son service vint le décider à se lever, en lui disant que son tailleur l'attendait. On lui apportait des habits façonnés à la dernière mode... Alfred était devenu petit-maître. Au tailleur succéda le concierge, qui lui remit une lettre volumineuse arrivée dès la veille ; mais il était mieux d'avoir un prétexte pour venir, le lendemain, présenter les souhaits de bonne année. Alfred pâlit en reconnaissant l'écriture de cette lettre. Il eut besoin de s'asseoir pour ne pas se trouver mal, et n'entendit point les souhaits du concierge qui se retira en murmurant contre la lésinerie du jeune secrétaire.

Quoi que nous puissions faire et dire, un premier amour est une hypothèque prise sur notre cœur. Ce sentiment, le seul vrai, le seul pur que nous éprouvions pour une femme, peut s'altérer, s'oublier un instant; mais il en reste toujours quelque chose. Ce que nous éprouvons dans la suite n'est plus que de la passion, délire éphémère de l'âme qui tire sa source de nos penchants terrestres, tandis que l'amour est éternel comme tout ce qui vient des cieux..... Maria renvoyait à Alfred toutes ses lettres. Il s'y était attendu : pourtant, à la vue de ces preuves terribles de son nfidélité, une sueur froide découla de son

front; il crut entendre une voix terrible lancer des malédictions sur les parjures, et sa main tremblante n'osait déplier le billet de Maria.....
Il croyait y lire d'avance le désespoir et les reproches sanglants de la jeune fille. Il se trompait..... Maria, frappée au cœur par les fausses révélations d'Aglaé, et d'autant plus disposée à y croire qu'Alfred cessait de lui écrire, était cependant trop fière pour laisser voir à un homme que dès-lors elle devait mépriser, toute l'amertume qui abreuvait son âme. « Il rirait de ma
« douleur, se disait-elle en versant des larmes de
« sang; il en plaisanterait encore avec ces fem-
« mes qu'il me préfère..... Plutôt mourir que de
« le laisser croire à un autre sentiment que mon
« mépris! » Elle n'avait donc écrit que ces mots :

« Veuillez, monsieur, me renvoyer mes let-
« tres comme je vous renvoie les vôtres. Je vous
« félicite de m'avoir montré, par votre silence,
« que vous compreniez vous-même l'impossibilité

« de continuer nos relations...... Le plus vil des
« hommes, vous vous êtes rendu justice !

« MARIA. »

Alfred froissa ce billet avec colère.

— Le plus vil des hommes ! s'écria-t-il : Ose-t-elle bien ?...

Puis, jetant un regard sur ses propres lettres :

— Oh ! oui, dit-il, c'est vrai !...

Quelques pleurs s'échappèrent de ses yeux.

— De la part de madame la duchesse ! dit une livrée en accomplissant son message.

Alfred saisit avec empressement ce qu'on lui présentait. Un parfum de musc et d'ambre frappa son odorat... C'était la séduction qui venait reprendre son empire. Il défit l'enveloppe, ouvrit le riche volume qu'elle contenait, et laissa échapper une exclamation de joie en reconnaissant ses poésies. Que l'on se figure le transport de l'écrivain qui, pour la première fois, se voit imprimé. Hier encore il se présentait humblement chez son éditeur, le conjurait de hâter l'impression de ses œuvres, craignant un revers ou un changement d'avis... Aujourd'hui, voyez-le marcher la tête haute, le regard brillant, le front entouré, à ce qu'il lui semble, d'une auréole de gloire..... car son nom va se lire, en caractères saillants, au frontispice d'un livre ; ses pensées sont couchées sur le vélin ; dès ce jour il compte parmi les célébrités !

Alfred ne se lassait pas de regarder ces charmantes étrennes. Il admirait surtout l'adresse avec laquelle Laure lui avait ménagé cette surprise. Depuis long-temps elle avait dû s'en occuper, et jamais un seul mot n'avait laissé deviner son secret.

— Femme adorable, s'écria-t-il, qui jamais mieux que toi sut se faire aimer ? Est-il des sacrifices qu'on ne puisse te faire, quand, aux charmes de la beauté, tu joins tant d'attentions et de délicatesse?... Hélas! continua-t-il en fixant le billet de Maria, qu'il tenait encore à la main, c'est pour toi cependant que je l'ai trahie! Je l'aimais, oh! oui, je l'aimais d'un véritable amour, et, lorsque tu m'es apparue, un entraînement irrésistible m'a conduit à tes pieds. Entre elle et moi, dans mes nuits sans sommeil, quand j'étais effrayé de mon parjure, venait se placer ton éblouissante image qui m'empêchait de voir couler les pleurs d'une amante délaissée. Dis-moi donc, enchanteresse, comment tu as pu me faire oublier un amour que je croyais lié avec ma vie?... Comment, tout à l'heure encore, un présent de ta main, ton nom prononcé au milieu de mes remords, ont suffi pour les étouffer?... Dis-le-moi, car je ne me comprends plus moi-même. Il est des instants où je te crois venue du ciel pour dissiper l'erreur de mes premières affections, d'autres où tu me parais un démon sorti tout exprès de l'enfer pour me damner avec toi..... Et, démon, je t'aime encore!.... Et s'il me fallait renier Dieu dans ces heures de volup-

té que je passe dans tes bras, je le renierais!....
Oh! cet amour est une fatalité contre laquelle je n'ai point de résistance!... Ma mère, mon bienfaiteur, Maria, pardonnez-moi!....

Il alla prendre toutes les lettres de la jeune fille. Par un mouvement involontaire il les pressa sur son cœur; puis, comme s'il eût redouté sa faiblesse, il commanda à son domestique de les porter en toute hâte à la poste, rompant ainsi le seul lien qui l'attachait encore à sa première amante.

Il était trop matin pour aller remercier Laure et pour se présenter chez le duc. Alfred prit un album et se mit à composer des vers.

VI

L'album.

Ce fut le premier objet qui frappa les yeux de la duchesse lorsqu'elle rentra avec la marquise. Elle lut sur la première page : « Je désire vous « parler ce soir : veuillez être assez bonne pour « m'indiquer votre heure. » Laure écrivit au bas : « A minuit. » Puis, tournant le feuillet, elle aperçut des vers qui paraissaient fraîchement sortis de la plume d'Alfred.....

— Certes, s'écria-t-elle en les présentant à la marquise après les avoir parcourus, convenez, ma chère, que voilà une muse étrangement libertine.... Il paraît que le chantre de ma beauté commence à prendre des licences.

La marquise lut tout haut la pièce suivante :

Dans mon rêve, j'ai vu l'image
D'un ange à la divine voix,
Bercé par un léger nuage,
Descendre sur le front des bois.

Les plis de sa robe immortelle
Flottaient au souffle du zéphir,
Et le globe de sa prunelle
Brillait de l'éclat du saphir.

Eh bien ! cet ange à la voix tendre,
Cet ange au regard enchanteur,

L'ALBUM.

Mortels, pourrez-vous le comprendre?...
Il s'est reposé sur mon cœur.

Et depuis, lorsque la nuit sombre
A remplacé les feux du jour,
Sa trace m'apparaît dans l'ombre,
Et je viens lui parler d'amour....

. . . .
. . . .
. . . .
. . . .

Oh! combien j'aime ses yeux noirs,
Et sa soyeuse chevelure,
Et sa voix si douce et si pure
Dont j'entends le son tous les soirs.

Rempli d'une aimable langueur,
Son bel œil daigne, à ma prière,
Soulever sa noire paupière
Et me confirmer mon bonheur....

Et je presse sa blanche main,
Je baise sa lèvre charmante,

Je pose ma bouche brûlante
Sur les beaux contours de son sein.

Oh ! mon ange, pourquoi rougir ?
Quand, à tes pieds, dans ma tendresse,
J'expirerais avec ivresse,
Si le bonheur voulait mourir !

— Qu'en pensez-vous ? dit Laure... L'avant-dernière strophe ne doit-elle pas encourir la censure ?

La marquise lui rendit l'album en jetant sur elle un regard de tristesse.

— Qu'avez-vous donc, ma toute bonne ? demanda la jeune femme : vous me paraissez chagrine...

— Viens, Laure ; allons chez ta mère...

— Oh ! nous ne sortirons pas que vous ne m'ayez confié ce qui vous rend si triste... Tout à l'heure vous n'étiez pas ainsi...

— Parce que tout à l'heure, ma chère petite, je me figurais encore que ton fatal amour ne serait connu que du ciel et de moi; mais ton caractère et celui de ton amant me font pressentir les plus grands malheurs. Vous manquez tous deux d'une bien utile expérience, et je frémis en songeant à tous les maux qui fondront sur vous avant que vous puissiez l'acquérir...

— Mon Dieu !..... que dites-vous là, ma tante?

— Ce jeune homme ne craint pas assez de te compromettre. Il faut qu'il soit venu chez toi pendant ton absence, ou que tu aies eu l'étourderie d'oublier cet album sur ta cheminée. Le duc pouvait entrer et lire ces vers; la curiosité d'une femme de chambre l'eût rendue maîtresse de ton secret... Juge un peu si je n'ai pas raison de trembler pour toi quand tu ne t'apercevais pas même du danger que tu avais couru.

— Vous avez raison, ma tante... et je veux

que vous soyez témoin des reproches que je vais adresser à l'auteur de cette imprudence.

Laure sonna un domestique, et le chargea d'aller avertir M. Daniel qu'elle voulait lui parler... Bientôt Alfred se présenta.

— Monsieur, lui dit la duchesse avec gravité, vous êtes venu chez moi ce matin pour me demander sans doute si j'avais besoin de vos services, et vous avez laissé cet album, par oubli, je veux bien le croire; mais je vous engage à ne plus avoir à l'avenir de pareilles distractions. Vos vers pouvaient être lus par quelque indiscret qui me les eût cru adressés, et vous sentez que je n'aurais pas lieu d'être flattée si l'on avait l'obligeance de les livrer à l'*impression*.

Alfred, déconcerté par la froideur de ces paroles et par la présence de la marquise, qu'il ne savait pas instruite de son intimité avec Laure, balbutia quelques excuses en prenant l'album qu'on lui rendait. Il sortit... C'était ce qu'il pouvait faire de mieux. A peine fut-il dehors qu'il s'empressa d'ouvrir l'album...

— A minuit ! s'écria-t-il avec joie... Cette manière de me transmettre sa réponse est en vérité fort originale.

VII

Projets de bonheur.

L'heure du rendez-vous allait sonner. La duchesse attendait Alfred, vêtue d'un simple peignoir et dans le négligé le plus voluptueux. Tous les traits de son visage offraient l'expression du plus parfait bonheur. Chose étrange ! Cette jeune femme, livrée à une passion criminelle, n'éprouvait aucun remords; elle marchait avec une assurance désespérante dans ce chemin périlleux où tant d'autres ne s'engagent qu'avec effroi. Jamais la pensée d'un mari qu'elle trompait ne la faisait pâlir dans les bras de son amant, et, bien loin de se juger coupable, elle remerciait le ciel qu'elle croyait avoir fléchi par ses pleurs. Ces écarts d'imagination sembleraient approcher de la folie, si l'on ne savait pas combien Laure avait souffert, combien elle avait senti vivement son malheur. Jeune, avec des passions ardentes, éprouvant cet indicible besoin d'amour qui, lorsqu'il n'est pas satisfait, ne peut se comparer qu'à la soif brûlante du voyageur dans le désert, mariée, avec tout cela, à un vieillard dont elle repoussait l'approche avec horreur et dégoût, elle ne pouvait rester dans cet état pénible... Aussi, dès que la belle et noble figure d'Alfred lui apparut près des rides de son vieil époux; dès qu'elle entendit la voix du jeune homme lui parler avec ce trouble et cette émotion causés par le souvenir de son mariage, et que Laure put prendre sans présomption pour un effet de ses charmes, elle sentit son cœur s'ouvrir à l'amour... « Il m'aimera! » se disait-elle, et cet espoir, elle l'embrassa avec plus d'avidité que le malheureux qui se noie ne saisit la branche de saule du rivage. Dès ce jour se dissipèrent tous les nuages amassés sur l'horizon de sa vie. L'espérance raisonne autrement que le désespoir : Laure comprit tout ce qu'un éclat sans motif aurait d'odieux... D'ailleurs elle n'eût pas été femme si elle n'avait pas compris la nécessité de la dissimulation. Le duc, trompé par de faux dehors, devint complice involontaire d'un amour coupable, et donna lui-même les mains à son déshonneur... Le sort le voulut ainsi.

Alfred entra chez la duchesse.

— Je vous félicite de votre exactitude, lui dit-elle avec un sourire enchanteur : minuit sonne...

— Madame, répondit Alfred, en déposant un baiser sur la main qu'on lui présentait, si mes désirs avaient eu le pouvoir d'avancer les heures, depuis long-temps je serais près de vous..... Mais, dites-moi, je vous prie, pourquoi vous n'avez plus ce soir cet air grave et ce ton sérieux avec lequel vous me parliez tantôt... Aurais-je donc obtenu mon pardon sans l'avoir sollicité à vos genoux ?

La duchesse donna un léger coup de son écran sur la joue d'Alfred, qui s'était en effet agenouillé devant elle avec un air suppliant.

—Et ma réponse, étourdi, comment vous l'aurais-je fait parvenir ? Quant à l'imprudence que vous avez commise, je vous la pardonnerai, beau criminel, si vous daignez en montrer du regret...

— Mais si je vous disais, Laure, qu'avant de commettre cette imprudence, j'avais aperçu *madame la duchesse* descendre de voiture dans la cour de l'hôtel, et prendre la direction de ses appartements... Elle seule pouvait donc jeter les yeux sur cet album.

— C'est à moi de vous demander grâce, mon ami.

— A mon tour je vous pardonnerai, charmante criminelle, si vous avez le repentir de m'avoir cru un instant assez insensé pour jouer ainsi le bonheur de ma vie et l'avenir de celle que j'aime.

— Cependant un jour peut venir, Alfred, où malgré toutes nos précautions, on s'apercevra de notre amour. Il faut nous préserver de la foudre lorsqu'elle gronde encore dans le lointain... Ecoutez-moi.

Laure jeta ses bras autour du cou de son amant.

— Nous autres femmes, nous voyons dans l'avenir des choses auxquelles vous ne pensez pas. Dites, Alfred, avez-vous jamais eu l'idée que je pouvais devenir mère?...

Oh! si tu savais, ajouta-t-elle en l'attirant davantage encore sur ses genoux, si tu savais combien cet espoir verse de joie dans mon âme!... Un enfant, un être formé de ton sang et du mien, qu'un autre ne pourrait réclamer, car à présent que je t'aime, appartenir à mon époux serait un crime!... Un enfant que j'environnerais de soins et d'amour, qui me rappellerait ton image et prononcerait ton nom.... Oh! ce serait trop de bonheur!

Alfred regarda son amante avec inquiétude et douleur... Il la crut folle.

« Elle veut être mère, la malheureuse, pensait-il : hélas! c'est la plus grande infortune qui puisse nous arriver!... Elle ne voit pas que la naissance d'un enfant serait notre mort à tous deux, notre inévitable séparation... Un époux outragé l'accablerait de sa colère et me chasserait de sa présence, moi, serpent qu'il a réchauffé dans son sein!... Et cet enfant, juste ciel! que deviendrait-il? Arraché des bras de sa mère, brisé peut-être sur le pavé par le duc indigné de lui donner son nom, il périrait comme la fleur qu'une nuit a fait naître et que l'orage déracine le jour.... Destinée mille fois préférable encore à la triste vie qui l'attendrait, lui pauvre orphelin qui ne verrait jamais le sourire de ses parents morts de désespoir!...

La duchesse sentit des larmes couler sur ses mains.

— Tu pleures de joie, mon ami?... Que sera-ce donc quand je te dirai : « Alfred, j'ai senti remuer dans mon sein le fruit de notre amour. » Alors ne perds pas une minute... Des chevaux, une chaise de poste!... Fuyons bien loin de cet entourage d'insensés qui viendraient empoisonner notre joie, nous séparer peut-être quand de nouveaux liens nous enchaîneraient pour jamais, loin de cet homme qui porte, en dépit de mon cœur, le nom de mon époux, et qui ne viendra pas, dans une retraite où notre félicité n'aura que nous pour témoins, faire prévaloir ses droits odieux sur les droits sacrés que t'aura donnés la nature !

A ces mots, qui dissipaient ses craintes et lui montraient combien il était aimé, Alfred, ivre de bonheur et de reconnaissance, embrassa Laure avec une étreinte passionnée...

— Oui, s'écria-t-il, tu me feras connaître le bonheur d'être père, Laure, ma bien-aimée... mon seul amour !... Oh ! je meurs de plaisir dans tes bras !...

— Alfred !... à toi, à toi pour la vie !

. . . .
. . . .
. . . .

— Et tu renonceras sans regrets à ton titre de duchesse, à la fortune, aux séductions qui t'environnent? dit Alfred en baisant au front son amante encore tout émue.

— Qu'est-ce donc que tout cela, mon ami, près de l'espoir de passer avec vous mes jours, heureuse de votre seule présence, payée de tous mes sacrifices par un de vos baisers... Que dis-je, mes sacrifices?... ce titre de duchesse, je l'abhorre; mes brillantes parures ne sont que les joyaux de mon esclavage : je les quitterai sans regret comme les séductions du monde. Vous ne savez pas tout ce que j'ai souffert au milieu de ces bruyants plaisirs; je devais prendre un front riant lorsque le chagrin le plus amer abreuvait mon cœur... Et croyez-vous que je me trouve maintenant plus à l'aise dans ce monde qui me défend de laisser paraître combien je vous aime et me ferait un crime d'une parole, d'un regard de tendresse?... Oh! n'est-ce pas que la solitude, une douce médiocrité, voilà ce qu'il faut au bonheur?

— Oui, Laure; mais si plus tard je vous voyais exposée à de pénibles privations...

— Ne crains rien... nous ne serons pas riches, il est vrai; mais nous n'aurons pas non plus à redouter l'indigence. Vois ces diamants : ils sont à moi, car ils me viennent de mon père... Ah! s'il eût vécu, lui ne m'aurait pas sacrifiée!...

— Mon amie, dit Alfred, ne rappelons pas de tristes souvenirs... Voyons, quel lieu choisirons-nous pour notre retraite?... Un chalet dominant une vallée de la Suisse. Nous verrons à nos pieds les lacs bleus et les villages, au dessus de nos têtes la neige éternelle et les noirs sapins des montagnes. Nous aurons des agneaux qui paîtront sur le penchant de la colline, de riants berceaux de chèvre-feuille avec des bancs de mousse où ma belle duchesse s'assiéra pour dessiner des sites variés et pittoresques. Tous deux, vêtus du gracieux costume des paysans suisses, nous irons nous mêler à leurs jeux, à leurs danses enjouées, ou bien nous promener en bateau sur les eaux limpides du lac qui reproduiront les charmes de mon amante pendant que l'écho du rivage redira nos chants d'amour....

— Tout cela est bien beau, dit la duchesse; mais la Suisse est trop près de la France...

— Choisissons l'Allemagne alors, l'Allemagne, aux souvenirs féodaux, avec ses forêts sombres et ses châteaux gothiques. Nous achèterons une jolie maisonnette près des ruines d'un antique manoir... Vous serez la dame châtelaine, et moi, galant chevalier, je viendrai déposer à vos pieds mon cœur et ma lance. La rivière coulera près de notre habitation ; nous irons pêcher ensemble... Nous aurons un jardin; je planterai dans les plates-bandes les fleurs que vous aimerez le mieux, et puis il faudra que notre demeure ne soit qu'à une lieue de la ville pour que nous puissions aller admirer ces naïves et grotesques figures d'Allemands qui paraissent si heureux près d'un pot de bière et d'une pipe allumée...

—Je vous préviens, dit Laure en riant, que je n'aime pas l'odeur du tabac. Nous n'irons ni en Suisse, ni en Allemagne... Je pense que vous serez assez galant pour me laisser choisir le lieu de notre retraite...

— Ordonnez, madame... votre esclave est prêt à vous suivre partout où vous voudrez bien le conduire.

— Je choisis l'Italie : c'était le pays de mon père.

— Oh! l'Italie!... le beau ciel de l'Italie, le climat des amours!...

— Modérez les transports de votre imagination poétique, interrompit la duchesse, qui posa sa main sur la bouche d'Alfred. Avant de nous séparer, je veux vous confier un secret... Vous avez vu ce matin chez moi une femme respectable à qui je ne fais point un mystère de mon amour. Sans elle, Alfred, je te dirais : « Partons, éloignons-nous de la société qui met des entraves à notre tendresse; soyons l'un à l'autre sans réserve et sans crainte! » Mais ce départ précipité donnerait le coup de la mort à ma tante. C'est une seconde mère pour moi, mon ami, et je ressens pour elle l'affection d'une fille. La nécessité de notre fuite pourra seule lui faire supporter sa douleur. Peut-être même se décidera-t-elle à venir terminer ses jours près de nous... si le ciel exauce le plus ardent de mes vœux, celui d'être mère...

— Il l'exaucera, mon amie.... peut-il refuser un ange?

— Adieu, dit Laure avec un regard qui remerciait son amant de confirmer son espérance... A demain...

Alfred, en jetant un coup d'œil sur la pendule, vit qu'il était temps de laisser reposer la duchesse. Un dernier baiser pris sur ses lèvres, après tant de projets de bonheur, aurait achevé de l'enchanter et de le séduire, s'il ne l'eût été déjà. De la chambre de Laure, il passa dans un petit cabinet adjacent, dont la porte donnait sur la galerie, puis il monta l'escalier dérobé qui le conduisait dans sa chambre.

VIII

En province.

— Pierre, vite un fauteuil !... Pardonnez-moi, M. Berthier, si je ne me lève pas pour vous recevoir : je suis cloué sur mon siége. Cette maudite goutte ne m'a pas quitté depuis le jour où j'ai été vous voir.... Eh bien ! comment vont les amourettes ?

—Général, je viens vous prier de me rendre la parole que je vous ai donnée.

Le vieux militaire fit un bond sur son fauteuil.....

— Hein?..... Ah ça! ne plaisantons pas, M. Berthier... Je suis invalide, mais si ce que vous dites là était sérieux, ce bras manierait encore assez bien l'épée pour vous apprendre une autre fois à tenir vos promesses.

— Mon Dieu, général, ce n'est pas contre moi qu'il faut vous mettre en colère, c'est contre votre protégé, qui s'est conduit envers ma fille d'une manière indigne...

— Allons donc!... c'est impossible...

— Lisez plutôt.....

— Et voilà toutes vos preuves?... Un chiffon de papier qui contient les mensonges de quelque grisette... Cette femme a été la maîtresse d'Al-

fred, on voit cela; il s'est dégourdi à Paris.....
Eh! parbleu! nous ne lui en ferons pas un reproche, nous autres.

— Mais, général, cette bague, la copie.....

— Bah! tout cela a été dérobé... C'est une vengeance de femme.

— Mais pourquoi donc alors le jeune homme a-t-il cessé tout à coup sa correspondance avec ma fille? Pourquoi vient-il de lui renvoyer toutes ses lettres sans chercher même à s'excuser!... Les voilà.....

—Diable!... Ma foi, M. Berthier, je n'y comprends plus rien. Qu'Alfred s'arrange comme bon lui semblera : je ne veux pas me casser la tête à deviner des énigmes..... A propos, j'y songe, cet étourdi n'a pas répondu à la lettre par laquelle je lui annonçais votre consentement.... Il faut qu'il y ait du vrai dans cette affaire...

— Quand je vous le disais, général!....

— La correspondance mise de côté, le renvoi des lettres.... Fiez-vous donc aux apparences! Il avait l'air d'une jeune fille, ici; je lui disais toujours : « Allons, Alfred, remue-toi; sois donc homme, que diable!... Quitte-moi cet air doucereux et sentimental. Si ton père te voyait ainsi, il s'arracherait, de colère, tous les poils de sa moustache..... Prrrrrt!.... le poussin n'avait pas quitté l'aile de sa mère.... Il paraît maintenant que c'est un vrai démon.

— Cette pauvre madame Daniel est bien chagrine de tout cela... Les enfants donnent tant de mal aux parents!

— Eh! oui.... Moi qui n'avais pas d'enfants, je me suis chargé de celui-là. Il me fait aller, comme vous voyez; mais cette escapade ne m'empêchera pas de le regarder comme mon fils. Je ne lui ferai point de reproches et je défendrai même à sa mère de lui en adresser, parce que cela ne sert qu'à engager les jeunes gens à faire de nouvelles sottises..... Il faut qu'ils acquièrent de l'expérience à leurs dépens.

— En attendant, les sottises de ce jeune homme m'en ont fait faire une, à moi, celle de rompre, à votre prière, un mariage quasi conclu. Je me suis brouillé avec le meilleur de mes amis, et, décemment, je ne puis revenir le premier sur mon refus sans passer pour une girouette.

— Votre fille, m'avez-vous dit, n'entrait qu'avec répugnance dans ce projet d'union....

— Sans doute, parce qu'elle s'était amourachée d'Alfred; mais, aujourd'hui qu'elle est convaincue de son infidélité, elle sera moins prévenue contre l'autre.... Voyez-vous, général, je me fais vieux; j'ai besoin d'un gendre qui m'épargne les tracas de l'administration de mes biens. Une fois le sort de ma fille assuré, je serai tranquille au coin de mon feu, sans occupations, sans soucis; je verrai mes petits enfants jouer autour de moi, et cela désennuiera ma vieillesse.

— Un tas de petits diablotins qui vous feront jurer, n'est-ce pas?... Allons, je vois qu'il me faudra renouer ce mariage, puisque c'est moi qui l'ai rompu..... Et comme je n'aime pas à laisser traîner les choses en longueur, occupons-nous-en de suite. Pierre... Pierre!... ce gros butor me fait égosiller du matin au soir.... Ah! te voilà... où étais-tu?

— Je cirais les bottes de monsieur...

— Tu cirais mes bottes, animal, quand je ne suis pas en état d'en mettre de six mois?... Va, de ce pas, chez mon voisin, M. Evrard. Dis-lui que la goutte m'empêche de sortir, et prie-le de venir me parler.

Le général serra la main de M. Berthier, qui ne voulut pas attendre l'arrivée du fournisseur ; et quelques minutes après, maître Evrard était assis dans le fauteuil, ne sachant trop ce que lui voulait le général.

— Comment va l'appétit des matelots, mon voisin?

— A merveille..... Je viens d'expédier pour la marine deux mille cinq cents livres de porc salé.

— Il paraît que ces gaillards-là n'ont pas le scorbut?...

— Je vous en réponds.

— A propos, mon voisin, vous avez eu un sujet de mécontentement contre moi..... J'ai couru, m'a-t-on dit, sur vos brisées.

— Chacun pour soi, général.....

— Teniez-vous beaucoup à ce mariage?

— Je mentirais en vous disant le contraire. Ma femme y tenait encore plus que moi; car elle et son fils, qui n'est pas le sien, ne sont pas tous les jours d'accord..... C'eût été un moyen de les débarrasser l'un de l'autre.

— Alors vous avez dû m'en vouloir, et je vais faire la paix avec vous.... Depuis quelque temps j'ai réfléchi. Le fils de madame Daniel, auquel je m'intéresse, est en vérité trop jeune pour se marier; ensuite ses fonctions le retiennent à Paris, et M. Berthier veut avoir son gendre près de lui..... Vous voyez que nous sommes presque d'accord..... J'ai voulu vous avertir de tout ceci, afin que vous puissiez prendre vos mesures en conséquence, et voir M. Berthier qui n'oserait peut-être pas faire les premières démarches pour se réconcilier avec vous.....

— Que je vous embrasse, général! s'écria maître Evrard dans le transport de sa joie..... Vous me tirez là une fameuse épine du pied!.... Quand je vous dirai que ma femme est d'une humeur *massacrante* depuis le jour où elle a appris cette rupture!.... Elle m'a défendu de voir

M. Berthier; et Dieu sait ce qui fût advenu si j'avais mangé le mot d'ordre.... C'est qu'elle est de force à me griffer, ma parole d'honneur!.... Mon fils, une fois revenu de Paris, l'enfer et ma maison auraient été synonymes. Oh! général, ne vous mariez pas en secondes noces!

— Parbleu! je n'ai jamais eu envie de tâter des premières!....

En rentrant chez lui, le fournisseur fit sauter son chapeau au plafond :

— Bonne nouvelle, ma femme!

— Dieu! ne parlez donc pas si fort : vous me fendez la tête...

— Bonne nouvelle! bonne nouvelle! cria maître Evrard encore plus haut.

— Vous allez m'annoncer, sans doute, que votre charmant fils est docteur, et qu'il revient nous honorer de son aimable présence...

— Mieux que cela! cent fois mieux que cela!

Et le chapeau recommença ses évolutions.

— Vous m'impatientez... Décidément, parlerez-vous, monsieur?

— Tu me croiras si tu veux, ma petite femme; je ne m'attendais pas à cette aventure.....

— Mais quelle aventure?

— Mon Dieu! laissez-moi respirer, madame Evrard; vous êtes d'une turbulence!... Vous me pressez, comme si je n'avais pas besoin de reprendre mes sens..... Ouf! je suffoque de satisfaction!

— Allez vous promener! et contez votre nouvelle à d'autres..... C'est encore quelque bêtise.....

— Arrêtez, madame Evrard, ne partez pas

sans m'entendre. Vous devez vous rappeler que vous m'avez qualifié d'*imbécile* lorsque le mariage de Frédéric a manqué, comme si j'avais pu prévoir.....

— Je le répète, vous ou votre fils avez fait quelque bévue que vous ne voulez pas m'avouer..... Vous n'avez pas de tête, mon cher mari, pas d'intelligence, pas de bon sens, pas de cœur !

— Ah ! si vous me dites des injures, vous ne saurez rien.....

— Pas de cœur, vous dis-je.... Vous vouliez encore revoir M. Berthier, qui s'est impunément moqué de vous.

— J'espère bien prendre mon café ce soir avec lui.....

— Quoi ! vous oseriez commettre une pareille bassesse !..... Ce ne sera du moins qu'avec ma permission.....

Avant que maître Evrard eût pu dire un mot de plus, et même se douter de l'intention de sa femme, il était enfermé dans sa chambre à double tour.

— Madame Evrard! ma femme, écoute-moi; tu ne m'as pas laissé parler; je voulais te dire que ce mariage allait se raccommoder!..... Il faut, pour cela, que j'aille chez M. Berthier..... Ouvre-moi, je t'en prie, ma petite femme, il n'y a pas un instant à perdre!....

Mais le malheureux fournisseur eut beau crier à tue-tête, madame Evrard était sortie pour faire des emplettes, emportant la clé dans sa poche pour plus de sûreté.

— Fou que je suis! s'écria-t-il, de m'être marié en secondes noces et d'avoir pris un pareil tyran, qui n'entend ni rime ni raison et m'enferme sous clé comme un pot de confitures!

Après avoir tourné dans tous les sens et reconnu l'impossibilité d'une évasion, maître Evrard prit le parti de se déshabiller et de se mettre au lit, quoiqu'il ne fût que deux heures de l'après-midi.

IX

Hortense à Maria.

Tu m'as donc oublié tout à fait, ma bonne cousine? Je ne sais à quoi attribuer cette indifférence de ta part, car je ne pense avoir aucun tort à me reprocher envers toi. Il y a des jours où je suis tentée de franchir les six lieues qui nous séparent pour m'assurer si tu es morte ou en vie. Je voulais aussi me fâcher, car il faut convenir que c'est bien mal de ta part de n'avoir pas répondu aux deux lettres que je t'ai écrites; mais mon cœur s'y oppose. Je t'aime encore malgré l'obstination de ton silence; il me serait impossible de perdre le souvenir d'une amie d'enfance avec laquelle j'ai fait de si bonnes parties... Tu te le rappelles, n'est-ce pas ?... chez ta vieille tante. Comme nous étions heureuses de courir à travers les champs, avec nos chapeaux de paille, par la plus grande ardeur du soleil ! Et quand nous rentrions, le front ruisselant de sueur, après avoir déchiré nos robes dans le bois, te souviens-tu comme ta tante nous grondait d'abord et finissait ensuite par rire avec nous, la bonne femme, en nous appelant petites folles !... Et ce jour où elle nous força de nous mettre chacune dans un lit bien chaud, et nous condamna à ne prendre que du bouillon parceque nous étions revenues toutes trempées d'une pluie d'orage!... Et Françoise que nous suppliâmes de nous donner à manger, car nous mourions de faim, et qui avait si peur d'être trahie par la brèche énorme que nous avions faite au poulet qu'elle nous avait apporté en cachette! Tu n'as pas oublié non plus le chantre de la paroisse, qui faisait une si drôle de grimace en entonnant ses antiennes; ni le curé, qui lançait toujours un effroyable déluge d'eau bénite sur nos toilettes du dimanche. Tout cela nous faisait pâmer de rire, et pourtant c'était bien mal de rire à l'église. Heureusement, nous faisions quelques bonnes œuvres pour expier ces folies. Je pleure encore d'attendrissement en pensant à cette malheureuse femme du village qui nous exprimait sa reconnaissance en termes si touchants lorsque nous lui donnions des soins dans sa maladie, et que nous travaillions près de son lit à vêtir ses enfants. Je dois dire, à ta louange, que les folies venaient toujours de moi, tandis que je ne faisais que participer aux bonnes œuvres dont tu avais la première idée. Je te rappelle ces souvenirs de notre amitié d'autrefois pour te décider à écrire enfin à ta pauvre Hortense qui ne peut s'empêcher de t'aimer et qui t'aimera toujours.

HORTENSE.

X

Maria à Hortense.

Pardonne-moi, ma chère amie... Je suis une ingrate de si mal reconnaître ton amitié et de chagriner ainsi ton cœur. Une amie véritable est le plus beau don du ciel : il faut être bien aveugle pour chercher le bonheur dans d'autres affections qui ne produisent que des larmes et de cruels déboires!... Non, je n'ai pas oublié les beaux jours que nous avons passés ensemble. Le souvenir de ma pauvre tante ne sortira jamais de mon cœur... Pourquoi faut-il que Dieu me l'ait enlevée sitôt? Nous aurions encore passé l'été dernier à sa campagne..... et je ne serais pas si malheureuse!

Que fais-tu à présent, ma chère Hortense? as-tu terminé ce joli paysage que je t'ai vu commencer?... Tu sais, ce tableau que tu destinais à orner la chambre de ton père, et qui représente un des plus beaux sites de la Normandie. Je m'étais proposé de faire le pareil, mais depuis long-temps j'ai laissé de côté le dessin et la peinture. Ma harpe et mon piano sont muets; je n'ai plus de goût à rien, je suis souffrante, et je crains de tomber malade... Hortense, ma bonne Hortense, je suis bien à plaindre!

MARIA.

XI

Hortense à Maria.

Tu as des chagrins et tu ne les confies pas à ton amie... Oh! je ne me trompais pas, tu es changée à mon égard. Dis, ma chère cousine, est-ce que jadis nous avions rien de caché l'une pour l'autre? Quand nous avions des peines, ne les partagions-nous pas ensemble?... Ce n'était jamais, il est vrai, que de légères contrariétés, des peines d'enfant; nous ne versions des larmes que pour être plus gaies ensuite. Maintenant ce n'est plus cela ; tu souffres, ma cousine, tu es dans la douleur, et tu me juges indigne de te consoler. Ta lettre m'a fait bien pleurer.. Est-il possible que tu sois malheureuse, toi si bonne, si remplie de qualités aimables, toi que le ciel devrait combler de tant de bonheur en récompense de tes vertus? Je crains de deviner la cause de ta souffrance. Maria, je t'en supplie au nom de notre amitié, cherche à te distraire, écris-moi souvent. Je ne te demande pas ton secret, si c'est quelque chose que je ne doive pas connaître. Tu recevras avec ma lettre le tableau dont tu me parles et plusieurs romances nouvelles. Reprends la peinture et la musique, mon amie... Oh! que je serais contente si je te voyais oublier ta douleur, si je n'avais plus de craintes à concevoir sur la santé d'une personne qui m'est si chère !

HORTENSE.

XII

Maria à Hortense.

Mon père croit qu'un voyage et le changement d'air feront du bien à ma santé; il m'engage à aller passer quelques jours près de toi. Ce conseil est trop d'accord avec les sentiments de mon cœur pour que je balance à le suivre..... Hortense, demain soir je serai dans tes bras...

Je te rapporterai ton paysage et tes romances : nous travaillerons ensemble.

MARIA.

XIII

Le départ.

Thérèse entrant de bon matin dans la chambre de sa jeune maîtresse la trouva tout habillée. Le visage de Maria respirait un air de contentement; elle s'empressait de serrer dans une malle les différents objets dont elle aurait besoin chez sa cousine, car elle comptait y rester assez long-temps. Maria, tout entière à son amour auquel elle s'était livrée avec la confiance d'un cœur de dix-huit ans, avec cette foi naïve que professent les jeunes filles pour celui qu'elles aiment, avait différé d'écrire à son amie, craignant de ne pouvoir lui cacher ses sentiments pour Alfred : confidence que la mère de celle-ci eût désapprouvée sans doute, car une mère veut diriger l'affection de sa fille vers un objet qu'elle se réserve de lui présenter elle-même, et croit avec raison que rien n'engage une jeune personne à aimer comme l'exemple de son amie. Mais, dans les circonstances actuelles, la confidence devait changer de nature. Ce que Maria pouvait dire à Hortense ne déciderait certainement pas cette dernière à donner de sitôt son cœur. Tout en pliant ses robes et en arrangeant ses chapeaux, Maria pensait au bonheur d'embrasser sa cousine et de reprendre avec elle ces douces causeries auxquelles jadis elle trouvait tant de charmes. Aucun souvenir pénible ne troublait alors sa joie; l'amitié lui tendait les bras; elle allait oublier, dans son sein, ses illusions trompées. Thérèse pleurait de satisfaction en la voyant si différente de ce qu'elle était encore la veille. Elle mourait d'envie de l'en féliciter... Mais Thérèse avait du jugement, quoique M. Berthier lui donnât parfois certaines épithètes qui eussent paru prouver le contraire. Il fallait rappeler la tristesse d'hier pour louer la gaieté d'aujourd'hui : ce simple rapprochement suffisait pour rendre à la première tout son empire.

— Tu as du chagrin de me quitter, ma pauvre Thérèse? dit Maria.

— Oui, mademoiselle, dit Thérèse en la laissant dans cette persuasion; mais n'y prenez pas garde : c'est que je vous aime tant, moi, que j'ai toujours envie de pleurer quand même vous ne sortez que pour une heure...

— Bonne Thérèse!

— Enveloppez-vous bien, mon enfant; cachez-vous dans votre manteau pendant la route... Il fait si froid que vous pourriez vous enrhumer.

— Sois tranquille, le trajet n'est pas long... Et puis je suis si contente d'aller chez ma cousine!... Tu verras, Thérèse, comme je reviendrai bien portante; je n'aurai plus cet air souffrant, ce teint pâle...

— Que dites-vous là, mon enfant?... Vous n'êtes ni pâle, ni souffrante : je vous trouve jolie comme un amour.

— Thérèse, je suis bien changée!... J'ai été si malheureuse!...

— Malheureuse?... Ah! par exemple, malheureuse... je voudrais bien voir cela... Et pourquoi donc, mademoiselle!... à cause de ce petit freluquet que vous étiez assez bonne pour aimer?... Vous avez trop d'esprit pour vous chagriner de si peu de chose. Ces monstres d'hommes, mon enfant, ils sont tous les mêmes... tous, depuis le premier jusqu'au dernier, ne valent pas le petit doigt d'une femme...

— Tu crois donc, Thérèse, qu'il ne m'a jamais aimée?...

— Vous aimer, lui?.. ah! oui, certes... ce serait bien le premier. Est-ce qu'ils sont capables d'aimer seulement?... Ils vous content, comme cela, un tas de fariboles qu'ils vont chercher je ne sais où; mais tout ce qu'ils disent n'est pas le saint Evangile, allez... j'en sais quelque chose... Telle que vous me voyez, à vingt ans j'avais un amoureux, un nommé Jean Thomas, gros garçon joufflu à qui on aurait donné le bon Dieu sans confession. Nous devions nous marier ensemble... et voilà-t-il pas qu'un jour je le vois embrasser ma sœur Jeannette... qui lui rendait ses baisers de tout son cœur, encore?... Jugez de ma colère et de mes reproches... Bah! il n'y fit pas plus attention qu'à ses vieux souliers!... Croyez-vous qu'après cela, mon enfant, je me sois jetée la tête au mur?... non pas, il aurait été trop content. Toutes les fois que je le rencontrais, j'étais la première à lui rire au nez... ça le faisait joliment enrager, figurez-vous!... Depuis ce temps-là, j'ai juré de détester les hommes. Quand l'un d'eux voulait m'en conter, je lui disais des sottises; s'il essayait de m'embrasser, je lui donnais un soufflet... attrape!... Vous sentez qu'avec de pareilles dispositions, je n'ai plus voulu me marier. Maintenant, me voilà!... je n'en suis que plus heureuse...

— Mais, Thérèse, tu ne m'avais jamais parlé de cette aventure?...

— Sans compter que je ne l'aurais pas fait encore si elle n'avait pas tant de ressemblance avec ce qui vous est arrivé..... C'est exactement la même chose... Jean Thomas et l'autre... je ne sais plus son nom... sont les deux volumes.

Maria ne put s'empêcher de sourire. Elle alla faire ses adieux à son père pendant que Thérèse plaçait sa malle sur le derrière de la voiture de voyage.

— J'espère, ma fille, lui dit M. Berthier, que tu chercheras à te distraire, près de ta cousine, et à oublier ces idées sombres qui nuisent à ta santé... Méprise tout cela, redeviens enfant, amuse-toi, et laisse à ma tendresse le soin de ton bonheur.

Maria embrassa son père avec effusion, puis s'élança, légère comme un oiseau, au fond de la berline de voyage qui partit au grand trot.

XIV

Une amie.

Quelques heures après, Hortense et Maria se prodiguaient les plus douces caresses. La première, enchantée de revoir une amie qu'elle croyait refroidie à son égard, ne se lassait pas de l'embrasser en faisant une foule d'exclamations de joie. Elle la débarrassa de son manteau, l'obligea de s'asseoir devant le feu et ne voulut pas qu'elle s'occupât elle-même de faire descendre ses effets de la voiture. Puis, approchant sa chaise de celle de Maria, elle prit ses mains dans les siennes, la regardant avec ce doux sourire de jeune fille qui exprime si bien le bonheur, et que ni la parole ni le pinceau ne sauraient reproduire.

— Maria, que tu es aimable!... Comme j'avais mal jugé ton cœur!... Tu m'aimes donc toujours?... Mon Dieu, continua-t-elle, et son visage prit une expression de tristesse: tu as l'air malade... Si tu voulais te reposer quelques instants?...

— Mais je t'assure, Hortense, que je ne suis nullement fatiguée. Si tu remarques encore les traces de mes chagrins, bientôt elles s'effaceront près de toi.

— Pauvre amie!... Tu as donc bien souffert!

— Oh! si j'ai souffert!

— Et je n'en savais rien; et je n'ai pu t'offrir les consolations de l'amitié...

— Tu sauras tout, ma cousine. Si me revient encore le souvenir de l'ingrat que j'aimais, eh bien! tu seras là pour me reprocher ma faiblesse, pour me rappeler tout l'odieux de sa conduite envers moi, car il m'a trahie d'une manière infâme...

— Ciel!... que dis-tu?...

— Lui qui m'avait fait les promesses les plus sacrées!... Lui que j'aimais de tout l'amour qui peut entrer dans le cœur d'une femme, car il était si loin de paraître ce qu'il s'est montré depuis; sa voix était si émue lorsqu'il me parlait d'amour; ses yeux s'arrêtaient sur les miens avec tant de bonheur!... Tu y aurais été trompée toi-même, Hortense...

— Il ne t'aimait pas!...

— Non... Comprends mon désespoir : c'est le frère de Léonie, notre amie de pension. Il a profité de mon intimité avec sa mère et sa sœur pour me faire connaître un sentiment nouveau pour moi, auquel je m'abandonnais avec délices sur la foi de ses serments... Oh! que ces heures de félicité m'ont coûté cher!... Ma bonne Hortense, puissent mes malheurs être une leçon pour toi!..... L'amour est un poison qui tue.....

— Maria, ces souvenirs te font mal.....

— Ecoute ce qu'il me reste à te dire, et tu m'aideras ensuite à chercher l'oubli de mes maux... Mon père lui refusa ma main : il sut feindre une douleur que, moi, je ressentais jusqu'au fond de l'âme, et partit pour Paris après m'avoir fait jurer devant Dieu que je ne serais jamais l'épouse d'un autre..... Dieu qui l'entendait n'a pas puni son parjure!..... Il m'écrivait de Paris et je lui répondais. C'était toujours le même langage; ses paroles étaient celles d'un ange, et cependant il méditait contre moi le plus atroce et le plus noir complot... L'incertitude de son avenir avait seul motivé le refus de mon père. Après avoir obtenu une place, il fit une seconde fois demander ma main, qui lui fut accordée... Non, ma chère Hortense, il ne m'aimiat pas !... Et quand mon cœur était rempli de joie et d'espérance, c'était le moment qu'il avait choisi pour me porter un coup mortel. Il cessa tout à coup de m'écrire... Pouvais-je, hélas! soupçonner la cause de ce silence ?... Ne recevant plus de réponses à mes lettres, je me figurais qu'il n'avait pu supporter son bonheur; je le voyais à l'agonie, m'appelant à grands cris de son lit de souffrance, invoquant mon nom pour le préserver de la mort... et j'allais partir avec mon père à qui j'avais fait partager mes craintes; j'allais sauver mon amant ou mourir avec lui, lorsque je reçus le témoignage le plus accablant de sa fourberie... Il m'avait un jour suppliée de lui couper une mêche de mes cheveux pour en faire une bague, sur laquelle furent gravés son nom et le mien. Cette bague m'a été renvoyée par une femme de Paris à qui il en avait fait présent... Et je ne suis pas morte de douleur en apprenant, à n'en pouvoir douter, que cet infâme plaisantait avec sa maîtresse de l'affection qu'il m'avait inspirée!... Il lui montrait mes lettres et les siennes, les siennes qui me paraissaient exprimer des sentiments si purs!... Il les écrivait en riant de ma crédulité...

— Oh! tu as raison, dit Hortense, c'est un infâme!

—Je les lui renvoyai, ses lettres... et croiras-tu qu'il me fit parvenir les miennes sans daigner y joindre un mot, comme s'il eût craint que je conservasse le moindre doute sur sa trahison ?... Aussi n'étais-je que trop convaincue de mon malheur, et j'étais seule pour en supporter le poids. Pouvais-je pleurer librement devant mon père, qui n'avait fait que céder à mes instances en approuvant cet amour ? Pouvais-je aller confier mes tourments à madame Daniel et à Léonie, maudire devant elles leur fils et leur frère ?.....

Madame Daniel seule a vu la lettre de cette femme... Léonie ne sait rien... Après ce qui s'est passé, je ne dois plus les revoir. Ah! ma bonne Hortense, c'est alors que le ciel t'a inspiré le dessein de m'écrire... L'amitié seule pouvait me sauver de la mort.

Hortense pressa son amie sur son cœur et pleura avec elle. La plus douce des consolations sera toujours de voir partager nos chagrins.

— Te voilà maintenant près de moi, Maria, et tu ne me quitteras pas que tu n'aies entièrement perdu le souvenir de ton fatal amour. Que ne pouvons-nous passer notre vie ensemble!..... Nous serions si heureuses de nous voir sans cesse, dis, ma pauvre cousine?... Nous n'aurions rien à craindre de la séduction des hommes : l'amitié suffirait à nos cœurs; et nous lui ferions sans peine le sacrifice de ces affections trompeuses qui finissent par les regrets et le désespoir... Ne pensons pas encore à l'heure de la séparation, dit la jeune fille en essuyant ses pleurs et en embrassant son amie; j'ai réfléchi, ce matin, à la manière dont nous allions passer nos journées, la voici; mais il faut auparavant que tu me promettes obéissance et soumission.

m'abandonne à ta merci.

— Très bien!... Alors nous coucherons dans la même chambre, et nous nous lèverons à dix heures. En t'éveillant tu m'embrasseras, puis nous descendrons déjeuner en famille. Après le déjeuner nous irons travailler; toi à ce paysage que tu aimes, moi à ton portrait que je veux avoir; et, quand nous serons fatiguées de la peinture, nous monterons en calèche pour aller nous promener... Pluie ou vent, neige ou froid, qu'importe?... Le cocher est endurci, et cet exercice te fera du bien. Par exemple, quand l'étang sera gelé, nous irons en traîneau au lieu d'aller en calèche, et nous ne reviendrons jamais de ces promenades sans avoir gagné un violent appétit pour dîner. Après le dîner nous donnerons un concert au salon, ou bien nous irons faire toilette, s'il y a bal ou soirée quelque part. Nous y danserons tant qu'il plaira à nos cavaliers; mais qu'un soupirant fasse mine de s'approcher, nous enverrons promener ses soupirs; vengeons-nous sur tous les hommes; que les innocents pâtissent pour les coupables!...

— Tu es donc toujours la même?

— Toujours. Viens, mon esclave!... Ma mère était sortie tout à l'heure à ton arrivée : il faut que j'aille lui montrer notre douce brebis qui revient au bercail, après être restée près d'un an sans nous donner de ses nouvelles.

XV

Léonie à son frère.

Je suis bien triste, Alfred; notre mère est souffrante, et je crains qu'elle n'éprouve un chagrin secret dont elle me cache le motif... Cependant elle devrait être heureuse, puisque ton mariage est décidé. Maria est partie depuis quelques jours : je ne sais pourquoi elle n'est pas venue nous faire ses adieux : probablement son absence ne sera pas longue... Et toi, mon frère, comment te trouves-tu dans ta nouvelle position ? Tu dois être bien occupé, si j'en juge par ta dernière lettre dans laquelle tu nous souhaites tout simplement une bonne année, sans nous donner aucun de ces détails que je désire tant connaître... Ton protecteur est-il bon pour toi ?... Sait-il que tu vas te marier, et te promet-il une place qui te rapproche de nous... Je tiens beaucoup à cela : Paris est si loin !

Je demandais à maman ce matin à quelle époque était fixé ton mariage; elle m'a répondu par un soupir... Peut-être sa tristesse est-elle causée par le souvenir de notre père; elle regrette qu'il ne soit pas témoin de cette union. Oh! dis-le moi, mon bon Alfred, quand me sera-t-il permis d'appeler Maria ma sœur ?... Pardonne à ma curiosité de jeune fille; mais je voudrais avancer cet heureux moment. C'est une chose convenue entre Maria et moi, je dois présider à la confection de sa toilette de noce : ainsi tu comprends la nécessité de m'instruire pour que je ne sois pas en retard.

Je ne puis te donner des nouvelles de ta fiancée; je pense qu'elle se charge elle-même de ce soin. Avant son voyage il y avait plus de huit jours que je ne l'avais vue... Les choses étant si avancées, les convenances exigent sans doute des visites moins fréquentes.

Adieu, mon frère; rassure-toi sur la santé de notre mère : je la soigne avec ton amour et le mien réunis. J'ai voulu lui donner une garde-malade, non qu'elle en eût précisément besoin; mais, comme elle a des insomnies, je serai plus tranquille en sentant quelqu'un près d'elle. Hier j'ai passé une partie de la nuit à lui faire une lecture pour la distraire... Adieu, je t'embrasse pour elle et pour moi.

Léonie.

P. S. J'oubliais de te dire que le général m'a conseillé d'appeler un médecin.

XVI

La même au même.

Le médecin est venu; il a prescrit des remèdes et ordonné à notre mère de garder le lit.....
Je n'ai pas voulu rester là pendant la visite : je sentais malgré moi couler mes larmes. En sortant, il m'a bien assuré que la maladie n'était

pas dangereuse; j'ai couru chez le général pour lui annoncer cette bonne nouvelle... L'excellent homme! combien il prend intérêt à ce qui nous regarde!... Deux fois déjà, malgré les souffrances que lui occasionne un dérangement, il est venu s'assurer par lui-même de l'état de notre chère malade... Je ne me trompais pas, Alfred; notre mère a du chagrin. J'ai entendu le général lui dire : « Allons, madame Daniel, oublions cela : il y a plus d'étourderie que de méchanceté.... » De quoi parlaient-ils?..... je n'en sais rien.

Le médecin est revenu dans la soirée; il a trouvé une augmentation de fièvre, et nous a défendu de faire parler la malade... Oh ! mon frère, que n'es-tu près de nous!

LÉONIE.

XVII

Le général à Alfred.

Fais appel à tout ton courage, mon ami : tu en auras besoin pour lire cette lettre... Je pleure en t'écrivant, moi, vieux soldat qui croyais n'avoir plus de larmes dans les yeux ; ma main tremble, et je ne sais comment t'annoncer cette terrible nouvelle... Alfred, songe que je suis toujours là! Tu m'as appelé ton père; j'ai remplacé jusqu'alors celui que tu as perdu..... Il te restait une mère, une bonne mère !... Elle était mon amie !... Alfred, je n'ai plus d'amie... tu n'as plus de mère !...

Pauvre enfant! faut-il que je te donne un coup si cruel ?... Reviens pleurer avec nous, passer dans nos bras les premiers instants de ta douleur : le duc ne te refusera pas cette consolation. Hélas! je n'ai pu te procurer celle de recevoir le dernier soupir de ta mère!... A peine si j'aurais pu t'annoncer sa maladie...

Tu recevras cette lettre par un exprès; prends la poste aussitôt et reviens trouver ton second père.

Le général BELMONT.

XVIII

Au milieu d'une fête.

Il était huit heures du soir. Les domestiques achevaient d'allumer les bougies, et bientôt l'hôtel d'Etanges fut resplendissant de clarté. Il n'y avait encore que deux personnes dans le salon. Une femme, en toilette de bal, imprimait un mouvement d'humeur à sa gracieuse tête blonde, en regardant un jeune homme debout devant elle, et qui, froissant un de ses gants dans sa main droite avec un air rêveur, ne paraissait pas merveilleusement disposé à une fête.

— Il ne fallait pas céder à mes instances pour vous montrer ensuite si aimable, dit la jeune femme, avec cette petite moue délicieuse qui va presque aussi bien à une jolie bouche qu'un sourire.

—Laure, vous êtes cruelle!... Si vous ignoriez la cause de ma tristesse, je vous pardonnerais ce reproche...

— Mon ami, vous êtes convenu vous-même que les lettres de votre sœur n'avaient pas été jusqu'alors très alarmantes.

— Croyez-vous aux pressentiments, Laure...

— A ceux qui nous présagent un bonheur,

oui... Mais pourquoi s'arrêter à la pensée d'une infortune imaginaire ?... Quand nous devrions être si heureux.. ..

Ces derniers mots allèrent au cœur d'Alfred. Il leva les yeux sur sa maîtresse et se reprocha d'attrister ce charmant visage.

— Alfred, la première lettre que vous recevrez vous annoncera le rétablissement de votre mère...

— Je vous crois, mon amie.

Après avoir regardé autour d'elle, la duchesse tendit sa main blanche à son amant. Un bruit de voitures se fit entendre dans la cour ; en même temps le duc entrait au salon et commandait aux livrées d'ouvrir les deux battants de la porte.

— Vous êtes éblouissante ce soir, dit-il en donnant un petit coup familier sur la joue de sa femme ; vous serez sans contredit le plus bel ornement de votre soirée... Méchante ! ajouta-t-il tout bas : on me croit le plus heureux des hommes... Que les opinions changeraient de nature si l'on connaissait vos rigueurs !...

La duchesse grimaça péniblement un sourire et se leva pour aller recevoir, pendant qu'Alfred, choqué de la familiarité du mari, s'était approché de la fenêtre, et regardait au dehors pour se donner une contenance... Le duc alla lui frapper sur l'épaule.

— Allons, jeune homme, notre monde arrive, trémoussez-vous !...... Je vous charge de faire placer les musiciens, et de veiller à ce que les rafraîchissements soient distribués aux dames, d'abord. Moi, je m'installe à une table de bouillotte, et je n'en bouge pas de la soirée.

Les équipages arrivaient en foule, et versaient dans le salon la société la plus brillante de la capitale. Toutes les notabilités du faubourg Saint-Germain, les ministres, les ambassadeurs s'y trouvaient réunis. On y voyait quelques artistes qui n'avaient dû l'honneur d'être invités qu'à la bienveillance connue de leurs nobles protecteurs. Laure avait pour tous des paroles d'une politesse exquise. On s'étonnait de voir cette jeune femme paraître si contente de son sort, et plus d'un personnage de cette réunion se mordit les lèvres de dépit, en remarquant une gaîté qui lui interdisait l'office de consolateur. Les groupes se formaient, les conversations s'entamaient sur les divans, et l'on entendait de tous côtés ce chuchotement des salons, ce bruit de voix sans tumulte produit par des *gens de bon ton* qui se rencontrent, se saluent, s'harmonisent, en quelque sorte, avant de se livrer au plaisir. Puis, au premier signal de la danse, on vit les têtes à cheveux blancs s'échapper du milieu de la foule, pour chercher un refuge près des tables de jeu, les jeunes visages s'épanouir aux sons de l'orchestre et les facettes des diamants, présentées de mille manières aux bougies par les évolutions des danseuses, étinceler comme autant d'étoiles errantes dans une atmosphère de fleurs et de satin.

La comtesse de Courville, cette jeune femme si belle, si spirituelle, et qui mourut si malheureusement depuis, victime de la maladresse d'un cocher, n'avait accepté de danseur que pour la contredanse suivante. Elle avait attiré près d'elle un ministre bien connu par ses prétentions à diriger tyranniquement le conseil.

— La dame de céans, dit M. de P......., fait les honneurs de sa maison avec une grâce charmante... Croyez-vous en vérité cette jeune duchesse assez prosaïque pour se complaire aux côtés de son vieux mari?...

— Ceci, repliqua la comtesse, d'un ton moitié sérieux, moitié badin, sort un peu de la gravité du cabinet... Je voudrais, avant de répondre à la question de Votre Excellence, connaître d'abord son avis, car il est dangereux de professer une opinion contraire à celle d'un ministre... même pour le roi, ajouta-t-elle en riant.

— Toujours des épigrammes... Ah! si le roi le savait!

— Il est trop bon pour s'en fâcher...

— Parce qu'il vous connaît incorrigible.....
Avez-vous entendu répéter le *mot* de Sa Majesté, à l'occasion de ce mariage?...

— Est-ce que le roi fait aussi des épigrammes? demanda la comtesse en voilant à demi, sous son éventail, un sourire plein de malice.

— Pas précisément, répondit le ministre; mais il a dit au duc en signant le contrat : « Eh bien! M. le duc, vous ne craindrez pas, j'espère, que votre femme ne vous donne des rhumatismes? »

— Ah! monsieur de P...... vous prêtez votre esprit au roi!...

— Vraiment, non, je vous assure... Voici donc

mon opinion, puisque vous l'exigez d'abord : je ne crois pas la duchesse heureuse en ménage...

— Elle paraît l'être cependant.

— Oui, et cela m'intrigue... La gaîté de cette jeune figure n'est pas l'ouvrage du mari, bien certainement...

— Le duc est un excellent homme...

— Agé de soixante-dix ans...

— Oh ! je suis loin de le nier !

— Et la duchesse en a tout au plus dix-huit.

— C'est à peu près le quart.

— La différence est légère...! Il y a, n'en doutez pas, un amant en faveur, sinon je renonce à comprendre les femmes...

— Monsieur de P......, votre opinion me paraît un peu hardie : vous pourriez vous tromper...

— Jamais !

— Ah !... Pour avoir une connaissance aussi approfondie de notre sexe, il faut que les études diplomatiques n'aient pas absorbé tous vos loisirs. S'il existe un amant, il doit être ici... J'espère alors, avant la fin du bal, m'assurer si votre science est en défaut. Dans le cas contraire, je vanterai partout votre habileté.., à condition cependant, qu'au prochain conseil, vous donnerez au roi voix déliberative...

— Encore ?

— Vous savez bien que je suis incorrigible ! dit la comtesse en prenant le bras d'Alfred dont elle avait accepté l'invitation.

Elle alla faire vis-à-vis à la duchesse, dont M. de P...... était le cavalier. La place qu'occupait Alfred dans le quadrille était voisine de la porte d'entrée du salon : un laquais lui remit une lettre, en l'avertissant qu'un exprès venait de l'apporter. Sans réfléchir à l'inconvenance d'ouvrir cette lettre au milieu d'un bal, Alfred la décacheta rapidement ; mais il n'avait pas achevé de la lire, que, poussant un cri douloureux, il devint pâle comme la mort, et tomba sans connaissance sur un fauteuil que le domestique eut à peine le temps d'approcher.

— Quel mauvais ton! dit M. de P......, s'évanouir dans un bal !

On porta le jeune homme dans une salle voisine, où Laure, sa tante et la comtesse de Courville cherchèrent à lui faire reprendre ses sens...

— Mon ami, c'est moi! dit l'imprudente duchesse, qui, tout entière à sa douleur, ne vit pas le coup d'œil de reproche de la marquise.

Alfred ouvrit les yeux, les promena d'un air égaré sur ceux qui l'entouraient ; et bientôt, rappelé à l'idée de son malheur, il s'élança vers la porte malgré les efforts que l'on fit pour le retenir.

— Ma mère! ma mère!... Oh! j'ai tué ma mère!...

Il s'évanouit de nouveau, et sa tête frappa violemment les dalles de la galerie.

— Ma tante, ne l'abandonnez pas! s'écria Laure avec un son de voix déchirant.

Elle-même tomba presque morte dans les bras de la comtesse de Courville.

— Madame, dit, en sortant, la marquise à cette dernière, le hasard vient de vous rendre maîtresse d'un secret d'où dépend la vie de ma nièce... Je le confie à votre honneur.

Cet incident ne troubla que momentanément la fête. Une heure après, Laure reparut au salon, appuyé sur le bras de la comtesse de Courville.

— Eh bien ! fit M. de P...... à voix basse, en passant près de celle-ci.

— Eh bien ! monsieur, j'ai acquis la conviction que les ministres ne sont point infaillibles.

XIX

Le délire.

Le roulement des équipages, qui remenaient les invités, dominait déjà la musique du bal, et bientôt Laure, restée seule avec la comtesse, lui faisait ses adieux sur le seuil du salon.

—Vous le voyez, ma chère petite, lui dit madame de Courville, vous n'aurez pas à vous repentir d'avoir suivi mes conseils. On ne s'est aperçu de rien, tandis que votre absence eût fait naître une infinité de conjectures.

— Vous avez raison, madame la comtesse : c'est une de ces mille exigences du monde, auxquelles il faut se soumettre pour ne pas le voir briser votre dernière espérance... Je vous ai fait passer une soirée bien triste...

— Qui me donne des droits à votre amitié, j'espère?...

— Je serais bien ingrate de ne pas vous aimer.

— A propos, votre *antiquité* n'a rien su de tout cela... Je l'ai vue faire son *vatout* fort tranquillement... Ce pauvre jeune homme! qu'elle impression terrible lui a causée la mort de sa mère!... Je viendrai demain savoir de ses nouvelles et des vôtres. Adieu, charmante; ne vous chagrinez pas trop...

— On peut se coucher, dit Laure à ses domestiques, quand la duchesse fut descendue : je n'ai besoin de personne pour mon service.

. . . .
. . . .

Le médecin que l'on avait appelé pour Alfred avait reconnu les symptômes violents d'une fièvre cérébrale. La marquise, après avoir éloigné tous les curieux, choisit, pour soigner le jeune homme une femme de sa maison, dont la discrétion lui était assurée. Elle-même ne le quitta pas, pensant bien que l'inquiétude de Laure allait l'amener après la fin du bal... La duchesse arriva au moment où le malade était en proie à toute l'exaltation du délire.

— Fouette les chevaux, postillon; voilà de l'or... Bien, très bien!... plus vite, plus vite, malheureux : ma mère expire!... Ah! nous arrivons. Arrête, c'est là... oui, c'est bien la maison de ma mère... Eh quoi! la porte, les volets fermés?... Je m'en doutais; on m'avait fait un odieux mensonge. Là-bas, j'entends la musique d'un bal; ma sœur danse et ma mère est près d'elle, courons!...

Laure effrayée s'élança vers le lit de son amant.

— Alfred, mon bien aimé, me reconnais-tu?

— C'est toi, ma sœur... Mais où est donc notre mère?... Tout à l'heure elle était là, près de toi. Comme tu es belle!... Approche, que j'examine ta parure... Des fleurs, des diamants? ah! je suis fou, ce n'est pas ma sœur!... Où suis-je?... J'étais dans un bal et j'avais vu ma mère... Maintenant tout le monde a disparu. J'ai froid, mes pieds sont dans la neige; je me serai peut-être égaré... Non, je connais cette église... Ici, c'est le cimetière... voilà le fossoyeur qui creuse une fosse, et là, dans l'église, j'entends des sons funèbres; on sonne le glas des morts!... C'est un enterrement... Les prêtres sortent; ils se dirigent lentement de mon côté.... Découvrons-nous et prions... Ciel, qu'aperçois-je?.. Ma sœur vêtue de noir suit le cercueil... Parricide! j'ai tué ma mère!!!

La duchesse, fondant en larmes, essuyait la sueur brûlante qui découlait du front d'Alfred...

— Mon ami, tout cela n'est qu'un rêve; ton amante seule est près de toi... Mon Dieu! suis-je assez malheureuse?... Il ne me reconnaît pas!...

Le regard du malade lui faisait peur.

— Si, continua-t-il, je vous reconnais à présent... Vous êtes ma fiancée, n'est-ce pas? C'est vous que, ce matin, je conduisais à l'autel... Votre tête était ornée d'une couronne blanche; le bonheur brillait dans vos yeux, et ma mère était là, joyeuse d'assister à notre union... Mais vous étiez folle, ma mère était folle!... On m'attendait à une fête, et je me suis sauvé. Comment se fait-il que vous vous trouviez en ces lieux?... Je vous avais laissée évanouie sur le froid pavé du temple; j'avais laissé ma mère à l'agonie... et ma mère est venue me maudire au milieu de la fête... elle est tombée morte à mes pieds!... Et moi je dansais, car il fallait bien danser : l'orchestre invitait au plaisir, les femmes étaient charmantes, les lustres brillaient aux plafonds comme des soleils... Tout à coup, l'orchestre cessa ses accords; les femmes poussèrent un cri d'horreur; les lustres s'éteignirent... J'avais dansé sur le cadavre de ma mère!... Le salon s'était changé en tombeau... Je voulus fuir; mais je me heurtai contre un cercueil et je me brisai la tête... Oh! maudissez-moi donc aussi!... Vous ne me maudissez pas?... Je vous avais pourtant juré d'être votre époux, et j'ai foulé aux pieds ma promesse... Ah! ah! vous venez vous venger, jeune fille! vous venez rire de mes atroces douleurs... car ma tête brûle; je vais mourir... Eh bien! Maria, soyez vengée!...

Il retomba sur son lit dans un état complet d'épuisement. En vain la marquise essaya-t-elle d'arracher Laure à ce pénible spectacle : la jeune femme ne voulut pas abandonner son amant... A genoux, près du lit d'Alfred, elle pria jusqu'au jour.

XX

M. Évrard à son fils.

Enfin le voilà docteur, mon cher Frédéric!... Je vois, à l'empressement que tu mets à m'annoncer cette bonne nouvelle, combien tu en es satisfait toi-même. Eh bien! je veux encore augmenter ta joie... Ton mariage est raccommodé!..

Qu'en dis-tu? tu ne t'attendais pas à celle-là, je le parierais. Rien n'est plus vrai cependant : avant trois mois tu seras en ménage. Cette idée, je l'espère, va mettre enfin du plomb dans ta tête; car, tu en conviendras, Frédéric, tes folies allaient quelquefois trop loin, et ta belle-mère avait raison d'être mécontente... Mais parlons d'autre chose...

Madame Daniel est morte, il y a huit jours, presque subitement. On fait bien des versions là-dessus; les uns disent qu'elle avait une maladie qui pouvait l'emporter à chaque instant; les autres soutiennent qu'elle est morte de chagrin parce que le mariage était manqué... Le fait est qu'elle est enterrée. Son fils était ton rival; mais ce n'est pas une raison pour lui en vouloir, d'autant plus que nous avons le dessus. Je te conseille d'aller le consoler, car enfin il est ton ami de collége.

Fais le plus tôt possible tes préparatifs de départ. Je soupçonne que tu as voulu jouir de ton reste et passer les jours gras à Paris... Du moins je ne crains pas cette fois que tu dépenses, en mascarades, l'argent destiné à tes examens. Prends garde de laisser des mémoires à payer, qui tomberaient encore entre les mains de madame Evrard : cela nous occasionnerait des scènes qui pourraient s'ébruiter, et tu dois passer à présent pour un homme grave et réfléchi.

Ton père pour la vie.

JEAN-NICOLAS EVRARD.

XXI

Le carnaval à Paris.

— Bah!... revêts-moi ce costume et laisse-nous la paix avec tes rêveries!... Ton compatriote a une fièvre cérébrale... soit. Offre-lui tes services comme docteur, mais ne viens pas nous chanter que nous sommes cause de sa maladie et de la mort de sa mère, qui plus est...

— Certainement, dit Aglaé, c'est par trop fort...

— Mademoiselle, répliqua durement Frédéric, je vous dispense de nous donner votre opinion... Ces reproches ne vous sont point adressés puisque vous n'avez été que l'aveugle instrument dont nous nous sommes servis... Et l'on sait tout ce que vous feriez pour une robe...

— Ah! j'irai demain vous la jeter au nez, votre robe!... Vous me l'avez reprochée trop souvent... et puis elle est mauvais teint...

— Ecoute, dit Frédéric en entraînant Dutac vers l'embrasure de la fenêtre, je suis aussi mauvais sujet que toi ; je ne crains ni Dieu ni diable... Cependant la vue d'Alfred m'a presque fait regretter la réussite de nos plans. Certaines paroles échappées à son délire, et qui pouvaient être comprises de moi seul, m'ont fait une impression qui dure encore. « Elle m'a appelé le plus vil des hommes, disait-il, oui, le plus vil des hommes!... Ma mère aussi m'a cru tel, et cette pensée l'a fait mourir! » Il est clair que la jeune fille a montré la lettre d'Aglaé à la mère d'Alfred. Nous y faisions de son fils un épouvantable roué... Et lui qui passait là-bas pour un modèle de perfection! Le contraste était trop fort... Avoue qu'il y avait de quoi désespérer des gens qui croient à la vertu. Nous aurions dû employer des moyens moins violents...

— Alors ton mariage était enfoncé, puisque la jeune fille l'aimait.

— C'est vrai...

— Après tout, si l'on prenait au sérieux les paroles d'un malade agité par la fièvre, où en serait-on?... Tiens, mettons les choses au pis : sa mère est morte de chagrin... Pouvions-nous le prévoir?...

— Non...
— Donc nous serions de francs nigauds de nous cogner la tête au mur, un mardi gras sur-

tout!... Endossons nos costumes et partons.

— Heureusement nous sommes assurés du secret...

— Si tu ménages notre complice...

— Tu as raison; j'ai mal fait de la brusquer tout à l'heure. Et ta visite?

— Ai-je pu t'en parler? De la place Vendôme jusqu'ici tu n'as fait que m'ennuyer de tes doléances.

— Tu as vu la duchesse?...

— Ravissante! fit le carabin en donnant un baiser sur l'extrémité de ses dix doigts réunis. Il est vrai que je m'attendais à une autre réception. On a fait la grande dame! Et quand j'ai parlé de nos jeux d'enfant dans la cour du château de Bessières, ce souvenir ne m'a pas semblé produire tout l'effet que j'en espérais. C'est égal, tu m'as donné là une excellente idée, et c'est déjà quelque chose d'avoir renouvelé connaissance. Le duc est un vieux barbon, laid comme tous les diables, et je n'ai pas grande opinion de ses facultés maritales. Eh! qui sait? on a vu des choses plus incroyables... Pourquoi ne serais-je pas l'amant de la duchesse?

— Excusez!.. comme tu y vas!

— Il y a si peu de temps qu'elle est mariée... son choix n'est pas fait encore. Je vais teindre mes moustaches dont la couleur est tant soit peu rousse, dépouiller la peau de carabin pour adopter une tournure fashionable, et une fois en pied dans le salon, tu verras!

— Lance-toi...

— Pendant que tu te marieras...

> Eh! allons donc,
> Mariez-vous donc,
> Din, don!

— Aglaé, dit Frédéric à la grisette qui venait

d'attacher la dernière épingle à son costume de poissarde, veux-tu m'habiller en Figaro?

— On se décide à me tutoyer... c'est heureux! « Mademoiselle, on vous dispense de nous donner votre opinion! » Avec un ton... Et puis me reprocher ma robe... Vieux laid!...

— Comment, de la rancune?

— Vous le mériteriez. Est-ce ma faute, à moi, s'il vous prend fantaisie d'avoir de la sensibilité?... Montez plus haut ce pantalon collant.... Ah, mon Dieu, pas plus de mollets que dessus ma main!... Cette veste est trop large: il faut un rempli par derrière... Coiffez-vous un peu de côté... c'est cela. Tenez, voici le rasoir et le plat à barbe... Finirez-vous?

— Viens que je te rase...

— Salop!..... Il m'a barbouillé de savon toute la figure.....

— Où irons-nous? interrompit Dutac, qui venait d'adapter à sa physionomie un nez d'énorme dimension.

Au même instant, un paillasse et deux grisettes entrèrent en sautant dans la chambre.

— Qui vive! s'écria Dutac en s'emparant de l'une des pierrettes, pendant que Frédéric s'efforçait de démasquer l'autre.

— Halte-là, lurons! dit le paillasse : ne violez pas mes odalisques!.... Elles sont portées d'assez bonne volonté pour vous épargner cette peine.

Et, faisant la culbute par dessus la table, il retomba droit devant les assaillants et se démasqua.

— Alphonse!

— Ni plus ni moins..... avec Juliette et Naïs, vieilles connaissances, hein, Frédéric? On n'a pas perdu le souvenir de l'hôtel Nassau. Ma foi, je me suis dit : « J'ai deux femelles sur les bras, qu'en faire ? »

— Est-il malhonnête, donc! s'écrièrent à la fois Aglaé et les pierrettes.

— Silence! le sexe n'a pas la parole..... Je me suis dit : « Allons trouver les amis, j'en céderai « une.... » Et me voici....

— Tu as eu une idée magnifique.

— D'autant plus magnifique que j'ai touché mon trimestre hier. Je suis en fonds, morbleu! Suivez-moi : une voiture nous attend à la porte.

— Aux boulevarts! aux boulevarts! crièrent tous les autres.

— D'abord..... Ensuite je vous conduis dîner aux Vendanges de Bourgogne, et nous passons la nuit à la Courtille.....

— Bravo !

Les carabins et les grisettes descendirent les degrés quatre à quatre, et s'élancèrent dans la voiture. Il est inutile de dire au lecteur que, selon la louable coutume de ces jours de licence, ils distribuèrent aux passants des grossièretés et des injures, recevant en échange les projectiles de toutes sortes lancées par les polissons des rues.

Un Turc écrivait à son pays : « Les Français sont fous pendant trois jours de l'année, et, le quatrième, leurs prêtres les guérissent avec de la cendre. » Ce mot n'est plus applicable à notre siècle. Nos fous actuels, bien éloignés de faire succéder la pensée de la mort à l'ivresse du plaisir, au lieu d'aller à l'église s'entendre rappeler qu'ils sont destinés à la pourriture du tombeau, vont, au sortir des bals, se réchauffer sur le duvet ou se pâmer de rire à la descente de la Courtille..... Le repentir est passé de mode.

Au carnaval, les grelots de la folie ont du retentissement depuis le palais jusqu'à la masure, depuis le rez-de-chaussée jusqu'au galetas du sixième étage. Le pauvre et le riche, le laquais et le grand seigneur, la modiste et la dame de haut parage comprennent également ce signal... Qui veut du plaisir? il y en a pour tous les goûts, pour toutes les conditions. Vous n'avez pas d'argent? légère difficulté. Vous avez une montre, des habits..... Le Mont-de-Piété vous prêtera à dix pour cent, usure éminemment philanthropique, puisqu'elle vous donne la facilité de louer un costume et de courir les rues en pierrot ou en arlequin.

Va, bon peuple, amuse-toi! Oublie, du moins un instant, tes sueurs et tes pénibles travaux. Nous te regardons étaler au grand jour tes burlesques travestissements..... D emain, peut-être, tu seras sans pain : n'y songe pas; sois heureux et fais-nous rire!.... A merveille! les rues versent à l'envi sur le boulevart des flots de population; les trottoirs n'ont plus de pavés; ce sont des milliers de têtes qui les remplacent; vous les voyez grouiller à vos pieds comme une fourmillière... Curieux, rangez-vous pour laisser passer le cortége !

Et d'abord voici le bœuf gras, monarque cornu de la fête, s'avançant à pas lourds, précédé d'une troupe d'Hercules avec leurs massues, de sauvages emplumés, Iroquois, Hottentots et Topinambous, qui lui servent de gardes-du-corps. Un char triomphal où se dresse orgueilleusement un empereur romain, en compagnie de toutes les divinités mythologiques, depuis l'Amour jusqu'à Pluton, suit immédiatement la pesante majesté. Elle a rendu toutes ses visites..... Le roi de France l'a saluée du haut du balcon des Tuileries; les ministres lui ont fait réception dans leurs hôtels; Paris entier lui a prodigué ses hommages. C'est le dernier jour de son règne..... Le couteau du boucher l'attend aux Abattoirs.....

Triste sort de la royauté!

Passez à votre tour, troupe joyeuse et bigarrée, masques de toutes les couleurs et de tous les costumes, qui faites briller au soleil d'hiver vos oripeaux d'emprunt!.... Marquis d'un jour, chiffonnez, dans sa voiture de louage, votre comtesse en falbalas!..... Jeannots et polichinelles, multipliez vos grimaces; dominez par vos cris les clameurs de la foule; jetez-lui, pêle-mêle, des sottises et des dragées!....

Place au foulard de Robert Macaire et au parapluie de son ami Bertrand!

Très bien!.... Les cris redoublent, le masque piéton s'accroche aux équipages; l'ours se met en croupe derrière le postillon poudreux, et reçoit bravement les coups de fouet sur son épaisse fourrure; le singe s'élance dans la hotte d'un chiffonnier, saute par dessus sa tête, monte sur l'impériale d'un fiacre et se place à califourchon sur les épaules du cocher..... On n'entend plus qu'un hourra général, des éclats de rire mêlés au bruit des voitures, aux hennissements des chevaux, aux hurlements des masques, aux jurons des cochers que l'on couvre de farine; un épouvantable charivari, où dominent les sons rauques et discordants du cornet à bouquin, les notes aiguës et faussées du fifre et de la trompette.....

Votre tympan n'est pas en sûreté.... bouchez-vous les oreilles!

La folie, rieuse et bruyante, avec sa tête échevelée, son masque grimaçant, passe et repasse, montrant tour à tour ses dorures et ses haillons, prenant toutes les formes, singeant tous les ridicules, foulant aux pieds les mœurs et la décence..... Prostituée légère, elle entraîne après elle, dans sa course rapide, ses joyeux adorateurs.... A sa voix les sexes se confondent, les distinctions s'effacent, tous les rangs s'égalisent; un peuple entier qu'elle enivre se précipite à sa suite, cède à toutes ses inspirations, court, se mêle, se heurte, se renverse, rit, chante, hurle, applaudit sa reine!...

Ne vous étonnez de rien : c'est le carnaval.... Tout Paris a perdu la tête.

XXII.

A la Courtille.

Les brillantes ondulations du gaz ont remplacé la clarté du jour. La troupe joyeuse est assise autour des tables des restaurants, et les détonations du champagne indiquent assez que la folie préside au banquet. L'Opéra vient d'ouvrir ses portes; la scène, l'orchestre, les bancs du parterre, tout s'est aplani sous les pieds des danseurs..... Le bal commence; la musique vient des nues et fait pleuvoir, sur la multitude affamée de plaisir, ses accords qui sautillent avec la contredanse, tourbillonnent avec la valse et se précipitent avec le galop, cette danse, image fidèle d'un siècle écervelé qui court et se rue sans savoir où il va.....

Mais laissons Paris s'illuminer et les théâtres se remplir : tout cela conserve encore un vernis d'aristocratie que n'offrira plus le spectacle qui nous attend..... Nos goûts nous retiendraient à l'Opéra, si nous n'étions obligés de suivre nos acteurs.

Vous ne connaissez peut-être pas cet amas de maisons noircies qui se trouvent à l'extrémité du faubourg du Temple, et placées sur deux rangs de chaque côté d'une rue boueuse; cette réunion de tavernes fétides où l'ouvrier va porter, deux jours de la semaine, le fruit de son travail, le pain de sa femme et de ses enfants ; ces bals où les prostituées se livrent à leurs danses lascives sans craindre de rencontrer un seul regard qui les force à rougir ; ces lieux enfin où ce qu'on appelle *le peuple* étale sa laideur et sa corruption ?....

C'est la Courtille :

La Courtille où nous vous conduisons au milieu d'un bruit infernal et d'un trépignement affreux !... Il est près de minuit. Depuis la chute du jour, tout ce qu'il y a à Paris de misère et d'ignoble dégradation s'est donné rendez-vous dans les tavernes et les bals. Les maisons paraissent en feu ; les hurlements de l'ivresse en sortent par bouffées, avec une odeur pestilentielle ; des masques hideux se montrent aux fenêtres, et se jettent, d'un bal à l'autre, des injures, des menaces et des blasphêmes...

Ne vous croyez pas en enfer!...

Il reste encore sept à huit heures à tout ce peuple pour achever son carnaval... Demain vous le verrez descendre ivre-mort, pâle, déchiré, sanglant!... Et vous vous demanderez comme nous si cet homme roulé dans la fange est bien un de vos semblables; si cette femme furieuse, écumante, presque nue, appartient à l'espèce humaine; s'il est bien vrai que l'égalité ait eu ses prôneurs et qu'on ait voulu vous rabaisser au niveau de *ce peuple* !

Après avoir dîné aux Vendanges de Bourgogne, les carabins et les grisettes étaient montés à la Courtille.

— Alphonse, donne ta démission! s'écria Dutac. Jusqu'alors tu nous a conduits à merveille, et, grâce à toi, nous avons du champagne dans le cerveau et de la force dans les jarrets; mais, Frédéric et moi, nous allons diriger les plaisirs de cette nuit... Renvoie ta voiture et suivez-moi, vous autres !

Cela dit, il se fraya un chemin au travers de la foule, non sans recevoir et distribuer quelques coups de poing, dont la plupart, se trompant de destination, tombaient sur le dos ou le visage de ses associés. Mais ces obstacles ne retardèrent pas leur marche. Les grisettes elles-mêmes étaient aguerries et montaient bravement à l'assaut. Ils arrivèrent à la porte d'un bal, sautèrent par dessus les tables, renversèrent les bouteilles, insultèrent les mécontents, et parvinrent enfin à joindre les danseurs. Nous ne donnerons pas ici la description de ces danses hideusement dégoûtantes, inventées par l'immoralité populaire, qui veulent des gestes obscènes, des regards impurs, résumé de ce qu'il y a dans la débauche de plus abrutissant... Qu'il suffise de savoir que ce sont les danses de la Courtille.

—Faites les huissiers, dit après la contredanse, Dutac à ses compagnons; je vais haranguer la foule.

Et, prenant son élan de l'une des extrémités de la salle, il fit un saut prodigieux, enjamba la balustrade de l'orchestre et se plaça sur l'estrade des musiciens malgré tous les efforts de ceux-ci pour le repousser.

— Silence!... je suis à la tribune.

— Silence! répétèrent unanimement Frédéric, Alphonse et les grisettes.

Différentes exclamations préludèrent au discours de l'orateur.

— Parle bien, ou nous te coiffons de pommes cuites!

— Nous t'arrachons les moustaches!

— Nous te barbouillons de moutarde!

— Nous te lançons par la fenêtre!

— Allez au diable! cria Dutac d'une voix de tonnerre; je vous e..... tous!... A toi, continua-t-il, magicien d'enfer qui me regarde là-bas!... Tu me fais l'effet d'une pyramide d'Egypte, et ton nez pointu boucherait à merveille un postérieur!... A toi Savoyard enfumé! Noircis un peu ta cauchoise dont le bonnet menace le plafond!.. Et ce gros taureau qui se bourre de galimafrée! Tu ferais mieux de lancer une taloche au mousse ton voisin : il tient sa rame comme un évêque porte sa crosse à une procession... Je te reconnais à ton encolure, madame polichinelle! ce costume te sied mieux que celui que tu portes tous les soirs au Palais-Royal... Holà, hé! Chinois de malheur! impose donc silence à tes grelots... Tu as une laitière à ton bras, ça cadre à peu près comme des cheveux sur de la soupe!... Eh bien! tas d'imbéciles, vous me regardez tous la bouche béante?... Voyez donc plutôt la perruque du chef d'orchestre!... elle date de l'an 8 de la création; son aïeul Mathusalem ne la portait qu'aux fêtes carillonnées... Tiens, paillasse, mets-la sur ta tête!

La perruque du chef d'orchestre vola au milieu de la salle. Tous les musiciens se mirent en devoir de rosser le carabin; mais il leur échappa d'un saut.

— Allons, en avant la musique!... Regardez cette tête, à présent; ne dirait-on pas une pomme d'api?... Prends ton sabot, mon vieux, et fais-nous danser... Voilà pour ta perruque!

Il jeta au chef d'orchestre une pièce de cinq francs. Celui-ci la prit d'un air extrêmement satisfait, et s'enveloppa la tête avec son mouchoir aux applaudissements et aux éclats de rire prolongés de la foule.

— A ton tour, Frédéric... La tribune est vacante.

— Va au diable! je n'ai pas envie de me faire pocher un œil, ni de revenir éclopé chez mon père.

— Tu caponnes, docteur... Dites donc, vous

autres, ajouta Dutac en se tournant vers trois masques assis à une table voisine, voulez-vous que je vous paie un bol de punch?

— Ah! ça, moutard, dit un individu déguisé en fort de la halle, dont les yeux étincelaient d'ivresse, le même que Dutac avait appelé *gros taureau*, il y a une heure que tu me scies l'épine dorsale!... Crois-tu que nous n'ayons pas comme toi des pièces de cinq francs dans le gousset?... Pour qui nous prends-tu?...

— Je te prends pour un cuistre!

— Répète encore?... dit le fort de la halle écumant de colère et saisissant une bouteille qui se trouva sous sa main.

— Tu m'as appelé moutard quand je te faisais une politesse... et tu n'es qu'un cuistre, cria Dutac de manière à être entendu de toutes les parties de la salle.

Au même instant la bouteille partit, lancée

par un bras vigoureux. Dutac l'évita en se baissant; mais Aglaé, qui se trouvait derrière lui, la reçut droit au milieu de l'estomac. Elle tomba à la renverse sans pousser un cri, tant le coup avait été violent... On la crut tuée. La troupe des masques se rassembla autour de la malheureuse grisette étendue sans mouvement sur le plancher. Le fort de la halle et ceux qui étaient attablés avec lui profitèrent du désordre pour s'évader; et les gendarmes, auxquels Dutac et Frédéric donnèrent le signalement de l'assassin, ne purent le découvrir... Il avait passé la barrière.

— Elle n'est pas morte... son cœur bat encore...

— Qu'allons-nous en faire ? dit Frédéric d'un air hébété.

— Ma foi, que veux-tu ?... c'est un malheur, répliqua Dutac. Une fois le procès-verbal dressé, on la conduira provisoirement chez moi. Naïs et

Juliette vont tirer à la courte paille, et nous allons en faire autant pour savoir ceux qui l'accompagneront.

Le sort tomba sur Frédéric et Naïs. Ils placèrent Aglaé dans un fiacre et quittèrent la Courtille, laissant le reste de leur société autour d'un bol de punch, que Dutac avait fait allumer, disait-il, pour passer son chagrin... Le lendemain Frédéric montait en diligence, et l'on portait Aglaé à l'Hôtel-Dieu.

XXIII

La thèse du docteur.

Le lecteur n'a pas oublié que, lors de l'ouverture des lettres à la suite de l'orgie, Dutac avait annoncé à Frédéric sa parenté avec Maria. Dutac était le frère d'Hortense, cette bonne jeune fille qui avait pleuré avec son amie des malheurs qu'elle était bien loin d'attribuer à son frère. Leur père, en exerçant la profession de médecin dans la petite ville de Valognes, avait acquis une fortune honorable. S'il n'eût écouté que les conseils de l'égoïsme, depuis long-temps il aurait pu cesser l'exercice de son état; mais il avait voulu le continuer, malgré son âge, en attendant que son fils pût le remplacer. M. Dutac avait cinquante-cinq ans, et déployait encore l'activité d'un homme de trente. Il s'empressait dès le matin de visiter tous les malades qu'il avait en ville, et, prenant à peine le temps de déjeuner à son retour, il montait à cheval pour faire des excursions dans les villages environnants. C'était un petit vieillard à face rubiconde et pleine de santé. La gaîté la plus franche animait sa physionomie, et si parfois un souci passager venait plisser son front, on pouvait être sûr qu'il pensait à son fils. Il craignait avec raison que ce dernier n'employât son séjour dans la capitale à toute autre chose qu'à ses études, car plusieurs fois il l'avait interrogé sans être très satisfait de ses réponses. Croyant le punir, il lui avait ordonné de rester à Paris, pendant les vacances, afin de terminer son cours de botanique. C'eût été un chagrin réel pour le vieux médecin de penser que son fils serait incapable de lui succéder, si le chagrin eût pu s'identifier avec son caractère. Son parti était donc pris à cet égard; et, pour nous servir de ses expressions, il était décidé à établir son fils dans une autre *localité* que Valognes, plutôt que de le voir flétrir par son ignorance une réputation acquise par trente années de travaux et de succès.

Quant à madame Dutac, elle offrait, dans sa personne, le véritable type de ces femmes de province qui ne sont jamais sorties de l'intérieur d'un ménage, dont la surveillance domestique et la stricte économie ont aidé leur mari à faire fortune, et qui, parvenues à l'âge de réforme, commencent seulement à se produire dans le monde, où elles veulent faire briller leurs filles. Madame Dutac était grande et maigre;

sa figure annonçait encore qu'elle n'avait pas été mal autrefois. Aussi rappelait-elle avec satisfaction qu'aux jours de sa jeunesse elle passait pour la plus jolie femme de Valognes, et que M. Dutac avait été choisi parmi de nombreux adorateurs. Du reste, elle était excellente femme; son mari n'avait jamais eu d'autre reproche à lui faire que celui d'avoir gâté ses enfants, son aîné surtout, dont l'enfance avait été maladive, et qu'elle aimait en proportion des soins et des peines qu'elle avait pris à l'élever.

Madame Dutac, sa fille et Maria commençaient à s'inquiéter du retard du vieux médecin que, depuis une heure, elles attendaient pour dîner, lorsque le pas d'un cheval se fit entendre dans la rue, et bientôt M. Dutac, tout botté et crotté jusqu'au cou, entra dans la salle à manger.

— Toujours incorrigible! s'écria-t-il en donnant un gros baiser sur la joue de sa femme; j'ai

beau recommander que l'on ne m'attende pas....
c'est absolument comme si je criais une ordonnance à l'oreille d'un sourd. Voilà le dîner refroidi, et ces pauvres enfants meurent de faim, j'en suis sûr.

— L'inquiétude nous aurait empêchées de manger, mon père.....

— Ah ça! quelle inquiétude, voyons?... Mon cheval est la meilleure bête du monde, un agneau..... Il serait au désespoir de me faire des tours, ce bon animal. Craindrais-tu les voleurs?... Ah! ah! ils se gardent bien de m'approcher, je t'en réponds : ils savent que je leur donnerais la fièvre... Une autre fois on dînera sans moi, je le veux.

— Mais nous aimons mieux vous attendre, mon cousin, dit Maria en approchant son front des lèvres de M. Dutac. Nous sommes beaucoup plus gaies lorsque vous êtes avec nous.

— Tu le vois, mon ami, dit madame Dutac, ces demoiselles ont participé à ma désobéissance..... Elles voulaient même aller au devant de toi.....

— N'allez jamais vous aviser de cela, étourdies!... Les chemins sont abominables, et Dieu sait si mon cheval s'en tirerait avec ce surcroît de bagage...

— Ah! mon cousin, c'est fort mal de nous prendre pour des valises!

— Certainement, dit Hortense, vous n'êtes pas très galant, mon père...

— Allons, ne me cherchez pas querelle.... Je rétracte l'expression *bagage*, et je dirai que mon cheval resterait dans l'ornière avec le surcroît des *Grâces*.

— Ah! dis donc, Hortense, te figures-tu les Grâces à cheval?

— Les Grâces sont inséparables, mon père... Il en aurait manqué une...

— Et moi, pour qui me prenez-vous?

— Ah ciel! une Grâce en culotte!

— Une Grâce bottée!

— Avec des éperons!

— Une Grâce barbue!

Ce fut à n'en plus finir.

— A table, espiègles! dit M. Dutac, riant de bon cœur des saillies des jeunes filles et satisfait surtout de voir Maria reprendre sa gaîté. Il trouva sur son assiette une lettre et un cahier plié en deux et sous bande.

— Ah! ah! notre mauvais sujet nous écrit.... et ceci? Diable! un jeune docteur de notre connaissance.... et de la tienne, Maria...

— Il est venu m'apporter cela lui-même, dit madame Dutac, pendant que la diligence relayait. Ces demoiselles étaient à la promenade... Il a laissé, m'a-t-il dit, Dutac en bonne santé.

— Oh! celui-là m'étonnera beaucoup s'il se rend malade en travaillant...

— Maman, interrompit Hortense, qui vit la conversation prendre une tournure défavorable pour le carabin, pourquoi donc n'appelez-vous pas mon frère *Adolphe*, puisque c'est son nom de baptême?

— Je t'ai déjà dit, ma bonne amie, que l'on devait désigner l'aîné d'une famille par le nom de son père...

— Mais cet usage n'existe plus, maman, je vous assure...

— Ta! ta! ta! fit M. Dutac, appelez-le comme vous voudrez, il n'en vaudra pas mieux!....

Quand m'enverra-t-il une thèse, lui? Depuis long-temps il devrait l'avoir faite... Mais voyons toujours celle-ci... « *Thèse présentée et soutenue à la Faculté de médecine de Paris, etc.... Considérations sur les fièvres intermittentes. On donne le nom de fièvres intermittentes.....* »

— Mon ami, dit madame Dutac, ton bouillon ne sera plus chaud... Tu liras cela demain dans ton cabinet...

— Et puis ça n'a pas du tout l'air amusant, ajouta Maria en prenant, sans cérémonie, le cahier des mains de M. Dutac. Mangez votre soupe, mon cousin, et contez-nous plutôt quelques histoires : vous devez en avoir encore dans votre recueil.....

La jeune fille eut cependant la curiosité d'ouvrir la brochure..... Elle lut sur la seconde page :

A MON PÈRE.

Témoignage d'amour et de reconnaissance.

AUX MANES DE MA MÈRE.

Regrets éternels à sa mémoire!

— Ce pauvre jeune homme a perdu sa mère!... Il est orphelin comme moi, dit-elle avec tristesse.

— Sais-tu son nom? demanda malignement le vieux médecin, que M. Berthier avait mis au courant de bien des choses.

— Non, répondit Maria; mais je l'estime; il a bon cœur et paraît beaucoup regretter sa mère.....

— Vois sur la première page...

— Frédéric Evrard! s'écria la jeune fille, qui ne put retenir une exclamation de surprise.

Le médecin et sa femme se regardèrent en

riant; Maria devint rêveuse, et Hortense, intriguée de l'espèce de mystère attaché au nom de Frédéric, brûlait de questionner son amie. Mais, après le dîner, madame Dutac suivit les jeunes filles au salon, et bientôt arriva le vieux médecin, qui s'était changé des pieds à la tête. On fit de la musique, on causa, et ce ne fut qu'à près d'onze heures que les deux amies purent s'entretenir librement dans leur chambre à coucher... Maria prévint les questions d'Hortense.

— Mon Dieu! dit-elle, que j'avais mal jugé ce jeune homme!... Tu ne sais pas, ma chère, que j'ai refusé de me marier avec lui. Je lui prêtais gratuitement les plus mauvaises qualités, car mon fol amour me faisait haïr tous ceux qui prétendaient à ma main.

— C'est donc pour cela que mon père riait dans sa barbe en t'entendant faire son éloge?...

— N'est-ce pas que ses regrets à la mémoire de sa mère sont touchants?

— Oui, mais cela se trouve sur toutes les thèses..... Mon père en a une collection dans son cabinet.....

— Ah!... fit Maria un peu déconcertée.

— C'est une formule en usage...

— Toujours est-il que j'ai été ingrate envers ce jeune homme. Il m'aimait peut-être plus sincèrement que le perfide qui m'a trahie...

—Si ton père t'engageait de nouveau à l'épouser, l'accepterais-tu ?

— Hortense, tu me fais là une singulière question...

— Mais je ne vois pas ce qu'elle a d'étrange..... Quand on convient d'une injustice, pourquoi ne pas la réparer ?... D'abord est-il joli garçon !...

— Il est fort laid, au contraire...

— Laisse donc, tu l'auras mal examiné..... Je parie qu'à présent il sera de ton goût.

— Folle! dit Maria en se couchant... Allons, bonsoir.

Les jeunes filles s'endormirent.

XXIV

Le retour.

Il était midi. Un pâle soleil d'hiver laissait passer, par intervalles, sous de gros nuages cendrés, ses rayons dépourvus de chaleur, et les arbres balançaient tristement leurs rameaux blanchis par les frimas. Toute la campagne était couverte de neige; la route de Valognes à Cherbourg offrait seule, pour rompre la monotonie du paysage, cette trace grisâtre imprimée sur la neige par les pieds des chevaux et les roues des voitures. Des troupes d'oiseaux, dont les plumes se hérissaient au vent du nord, et qui cherchaient péniblement leur pâture, s'envolaient avec un cri plaintif à l'approche d'une berline de voyage qui montait, au petit pas, une côte longue et rapide. Le cocher descendu de son siége soufflait dans ses doigts et tentait de se réchauffer les pieds contre la terre durcie, lorsqu'il fut interpellé par une jeune fille, qui entr'ouvrit la portière pour lui demander si l'on était bientôt arrivé, et la referma soudain après avoir reçu une réponse affirmative.

— Ah! tant mieux, dit Maria : ce trajet m'a semblé aujourd'hui dix fois plus long que de coutume... Et mon cousin qui dort depuis le commencement du voyage!... Etrange manière de me tenir compagnie!...

Le fait est pourtant que M. Dutac ne dormait pas du tout. Il avait reçu, le matin même, une lettre de M. Berthier, dans laquelle celui-ci lui faisait part de ses nouvelles intentions sur sa fille, et le priait de la lui renvoyer. Il lui recommandait surtout de cacher à Maria le motif de ce prompt retour parce qu'il voulait s'assurer si la première répugnance de la jeune fille pour ce mariage existait encore. M. Dutac, ayant à terminer quelques affaires à Cherbourg, s'était décidé à reconduire lui-même Maria. Il s'était montré inflexible à la prière d'Hortense, qui l'avait supplié de remettre ce départ au lendemain, ainsi qu'aux instances que Maria lui avait faites pour obtenir d'emmener sa cousine avec elle... Or, comme M. Dutac voulait se taire, il n'avait pas trouvé de meilleur moyen, pour éviter le déluge de questions de sa compagne de voyage, que de relever le collet de son manteau par dessus ses oreilles, et de se mettre à ronfler de son mieux, après s'être arrangé commodément dans la voiture.

— Mon cousin, dit Maria en tirant, avec un peu d'humeur, M. Dutac par son manteau, réveillez-vous!... Nous arrivons...

— Déjà! fit celui-ci en se frottant les yeux...

— En effet, vous n'avez pas dû vous ennuyer, dit la jeune fille... Ah! mon Dieu, comme nous allons! s'écria-t-elle en mettant la tête à la portière.

La voiture avait atteint le sommet de la hauteur et descendait la côte au galop. Tout à coup les chevaux glissèrent et s'abattirent; le brancard, en frappant rudement sur la chaussée, imprima à la berline une secousse si violente que le cocher faillit être précipité de son siége... Les chevaux se relevèrent et partirent avec la rapidité du vent. En vain l'imprudent conducteur s'élança-t-il à terre, avant qu'il fût relevé la berline était déjà trop loin pour lui laisser l'espoir de l'atteindre; à chaque instant elle frisait d'énormes rochers dont la route était bordée à droite, ou menaçait de se précipiter dans les bas fonds qui se trouvaient à gauche... Maria s'était évanouie... Le vieux médecin cramponné à la portière, les cheveux hérissés d'épouvante appelait à grands cris au secours, et, reculant d'horreur à la vue du péril, retombait à sa place, pâle, découragé, attendant la mort...

Un jeune homme montait la côte à cheval. En entendant ces cris de détresse, il mit pied à terre, courut au devant de la voiture qui allait inévitablement se briser, à un détour de la route, contre un massif de roches calcaires, et, saisissant intrépidement les chevaux par la bride, les força de retourner sur eux-mêmes... Ce brusque mouvement manqua de renverser l'équipage qui reprit heureusement son équilibre.

M. Dutac s'élança dans les bras de Frédéric, car c'était lui qui, sachant le retour de Maria, était venu à sa rencontre. Il le pressa sur son cœur sans pouvoir proférer une parole, tant il était encore sous l'impression du terrible danger qu'il avait couru... Tous deux s'empressèrent de tirer Maria de son évanouissement.

— Embrasse ton libérateur! s'écria le vieux médecin en faisant approcher Frédéric, qui, soit timidité réelle, soit calcul, se tenait modestement en arrière.

Et M. Dutac, qui avait recouvré la parole, se mit à raconter à Maria comme quoi la voiture allait se fracasser contre les rochers, et par quel acte de courage Frédéric venait de les sauver au péril de sa vie... La jeune fille adressa à Frédéric un regard qui témoignait beaucoup mieux sa reconnaissance que tous les remercîments possibles.

— Eh bien! mes enfants, nous allons vous marier! s'écria M. Dutac... On m'avait recommandé le secret : ma foi, le voilà lâché!...

Maria rougit et ne retira pas la main que son

prétendu portait à ses lèvres... En ce moment arriva le cocher tout essoufflé, qui reçut sans se plaindre, de la part de Frédéric, le titre d'*animal* accompagné d'un coup de cravache qui lui cingla la figure. On acheva de descendre la côte au pas, et le docteur triomphant fit caracoler son cheval anglais, dans les rues de Cherbourg, en suivant la berline qui s'arrêta bientôt à la porte de M. Berthier.

XXV

Une soirée d'hiver.

— Thérèse !

— Monsieur ?...

— Du bois, le feu s'éteint. Allez-vous nous débarrasser de votre présence, vous autres ? Ces gredins-là prennent, à eux seuls, tout le foyer.

Ces dernières paroles s'adressaient à l'angora et au barbet qui s'éloignèrent en grognant, parce que M. Berthier, pour se faire mieux comprendre, avait employé les pincettes.

— Oh! ces pauvres bêtes! dit Maria; vous leur avez fait du mal.

— Tiens, vois plutôt.... Ils sont déjà revenus.....

— Attention à votre jeu, mon cousin, dit M. Dutac; vous êtes capot sur table.

— Par exemple, ce serait trop fort...

— Vous allez voir... trèfle!

— Voilà...

— Toujours du même.

— Après?

— Cœur!.... Je vous avais averti, cousin...

— C'est vrai, la capote y est!... Ma fille, viens un peu voir cela...

Maria quitta son travail et s'approcha de M. Berthier.

— Vous savez que je n'y entends rien, mon père...

— Tu comprendras tout de même. Laquelle de ces deux cartes aurais-tu gardée?...

— Mais je vous assure que je ne connais pas le piquet...

— Regarde... je n'en avais qu'une de cette couleur : il était donc à présumer que ton cousin en aurait... Pas du tout, il avait jeté tous ses carreaux!

— Quel malheur! dit en riant Maria.

— C'est la seconde capote de ma vie!... La

première m'a été donnée au Hâvre, en plein café, par un des officiers de la garnison : je l'ai regardé de travers depuis ce temps-là... Mais vous, cousin, je vous pardonne parce que vous m'avez ramené cette enfant bien portante... Voyez ces couleurs, cet air de santé... Pauvre fille! ajouta M. Berthier avec attendrissement, si je t'avais vu rapporter mourante ce matin, toi la consolation, l'espoir de mes vieux jours!...

— Ne parlons plus de cela, mon père, si ce n'est pour bénir celui qui nous a sauvés.

— Oui, Maria, tu as raison... Allons, je suis content de toi; tu es une bonne fille.. Il a bien mérité ta main, j'espère?

— Certainement, dit M. Dutac. Sans ce brave jeune homme, nous allions *ad patres*, et j'aurais couru grand risque de ne faire ma partie de piquet qu'avec le Père éternel...

— Frédéric devait pourtant venir ce soir, dit M. Berthier.

—Le voici! le voici! s'écria Thérèse; M. Evrard l'accompagne...

Et la grosse servante alla sauter au cou de Frédéric, qu'elle manqua d'étouffer dans les transports de sa reconnaissance, et qui cherchait, en riant, à se soustraire à cette vigoureuse étreinte.

— Il faut pourtant que je vous embrasse, dit Thérèse, puisque vous avez rendu un si grand service à ma jeune maîtresse... Et puis nous avons à faire la paix, ajouta-t-elle tout bas.

Frédéric lui tendit ses deux joues et vint saluer Maria, qui s'était rapprochée de sa table à ouvrage.

— Etes-vous remise de votre frayeur, mademoiselle?

— Grâce à celui qui m'a préservé de la mort, répondit la jeune fille avec une voix tremblante d'émotion.

— Comment, s'écria le fournisseur, vous vous êtes laissé donner une capote?... Vous avez dû faire une drôle de grimace, dites donc, papa Berthier?... J'aurais voulu voir cela... A propos, je viens de passer l'acte de vente de la maison voisine ; je l'achète pour Frédéric, et j'ai fait marché avec l'entrepreneur qui doit la relever d'un étage, car je ne sais vraiment pas où diable madame Daniel pouvait se loger là-dedans...

— Madame Daniel quitte Cherbourg? demanda Maria avec une inquiétude visible.

— La pauvre femme, dit Thérèse, elle a quitté la vie... c'est bien autre chose!...

— Morte! dit Maria, et sa broderie tomba de ses mains. Morte! répéta-t-elle en adressant à Thérèse un long et douloureux regard...

— Mon Dieu, oui, mon enfant...

— Et c'est bien la faute de son fils, ajouta

maître Evrard... Il paraît qu'il mène une jolie conduite à Paris...

— Ne dites pas cela, mon père, s'écria Frédéric avec un trouble qu'un observateur eût parfaitement reconnu pour la conséquence d'un remords... ce serait une cruauté de l'accuser de la mort de sa mère, quand sa douleur l'a conduit à l'agonie...

— O mon Dieu! murmura la jeune fille à voix basse... et lui aussi!

Frédéric la vit pâlir, et, se reprochant le sentiment de générosité ou plutôt le cri de sa conscience qui l'avait porté à prendre la défense d'Alfred, il revint à son caractère et sentit renaître toute sa haine pour son rival.

— Je crains qu'il ne succombe, dit-il avec intention.

Maria leva les yeux et fut effrayée de l'expression sinistre qu'offrait alors la figure de son prétendu. Elle surprit un sourire haineux sur ses lèvres contractées.

— Excusez-moi, dit-elle en se levant, si je ne vous tiens pas plus long-temps compagnie. Je connaissais particulièrement madame Daniel, et la nouvelle de sa mort me fait mal.

— Elle l'aime encore! pensa Frédéric... mais c'est déjà quelque chose de ne plus être sa bête noire.

— A quand le mariage? demanda le vieux médecin, lorsque Maria eut quitté la chambre.

— Après Pâques, dit M. Berthier en faisant asseoir Frédéric près de lui. Et voilà mon gendre, garçon solide et bien constitué, qui nous donnera bientôt de la famille.

— J'y songe, dit maître Evrard, si nous demandions des dispenses...

— Avant qu'elles arrivent, nous verrons la fin du Carême...

— C'est juste.

— Sois tranquille, Frédéric, dit l'ex-armateur; ta prétendue est fort bien disposée pour toi. Elle est un peu triste ce soir ; mais il fallait toujours qu'elle apprît cette mort... Allons, faisons une *bouillote* à quatre.

XXVI

Hortense à Maria.

Je suis tout émue en t'écrivant, ma chère cousine; je viens d'apprendre l'effroyable péril dont vous avez été sauvés par le courage et la présence d'esprit de ce jeune docteur dont nous parlions avant ton départ, et que le ciel a placé tout exprès sur votre route pour me conserver un père, une amie... Oui, Maria, tu l'avais mal jugé, ce jeune homme : il me semble qu'un méchant doit être lâche et ne serait pas assez généreux pour exposer sa vie.

Ma mère et moi, nous avons questionné mon père sur les raisons qui avaient porté M. Berthier à te rappeler si promptement près de lui... Il n'a pu se montrer si discret que nous n'ayons à peu près deviné qu'il s'agissait de ton mariage. Nous l'avons obligé d'en convenir, et enfin il nous a fait l'aveu que ton prétendu n'était rien autre que votre libérateur à tous deux... Reçois mes félicitations, ma chère Maria. J'ai toujours pensé que tu devais être heureuse après tes chagrins, et tu le seras près d'un homme dont la vue te rappellera chaque jour une noble action. Comment ne pas aimer celui qui nous a préservés d'une mort terrible ? Nous lui devons des remercîments et de la reconnaissance jusqu'à notre dernière heure.

Cependant, ma chérie, il ne faut pas que ton affection pour ton mari amène du refroidissement dans notre amitié!... J'exige de toi la promesse de continuer notre correspondance après ton mariage, car pour celle de nous aimer toujours, nous nous la sommes faite depuis longtemps.

HORTENSE.

XXVII

Maria à Hortense.

Tu me promets un heureux avenir... Hélas! mon bonheur aura coûté cher à d'autres!... J'ai prié ce matin sur la tombe de madame Daniel, de celle que j'avais appelée ma mère!... Elle est morte du même chagrin que j'oubliais près de toi...

Léonie en deuil vient de passer sous ma fenêtre : j'avais envie de courir l'embrasser et de pleurer avec elle, car j'ai l'âme bien triste ; sa vue a réveillé en moi le souvenir de celui qui m'a si cruellement trompée.. Je ne sais pourquoi j'ai, depuis quelques jours, de sinistres pressentiments ; je crains de deviner quelque ténébreux mystère, quelque noir complot dont Alfred aurait été victime... Mais, non, je ne puis m'arrêter à cette idée. S'il n'eût pas été coupable, aurait-il voulu me laisser croire à tant de bassesse et de perfidie ?

Il est malade, Hortense... Dois-je donc le haïr lorsqu'il est peut-être à son lit de mort?... Ne faut-il donc pas lui pardonner pour que Dieu lui pardonne aussi ?

M. Frédéric, à son départ de Paris, l'a laissé

à l'extrémité. Quand il m'annonça cette nouvelle, il y avait de la joie dans ses yeux... Oh! c'est bien mal!... Nous devons oublier les torts de celui qui va mourir....

Hortense, ma bonne Hortense, je crains d'interroger mon cœur!

Maria.

XXVIII

La même à la même.

J'ai écrit à Léonie pour la consoler, et je lui ai demandé des nouvelles de son frère... Il est hors de danger.

Tu as pu croire, Hortense, que je conservais

encore quelque chose de mon premier amour : il n'en est rien. J'ai pardonné à M. Daniel, et je suis loin de rétracter ce pardon; mais je n'ai plus à craindre son souvenir.

M. Frédéric vient ici tous les soirs. Il montre pour moi toutes sortes de prévenances... Cependant il y a dans son regard quelque chose qui me fait peur. Hier, il me demandait si je l'aimais, et sa voix avait un son si étrange, ses yeux une expression si dure qu'involontairement j'ai frissonné... Il s'éloigna mécontent : je ne lui avais pas fait de réponse... Et que lui aurais-je répondu? Je n'ai plus pour lui l'aversion qu'il m'inspirait autrefois; il a des droits à ma reconnaissance; mon estime lui est acquise... mais l'amour est-il donc un sentiment que je puisse imposer à mon cœur? Froissée comme je l'ai été dans mes plus chères affections, ma bonne Hortense, je ne puis plus aimer. Si M. Frédéric connaît mon secret, il doit avoir assez de délicatesse pour ne pas rappeler à ma mémoire un passé douloureux, pour ne pas exiger, surtout, les démonstrations d'un amour impossible.

Mon mariage doit avoir lieu dans les premiers jours de mai. Ainsi, ma chère cousine, avant un mois, le sort du reste de ma vie sera décidé... Plus j'approche de ce terme fatal, et plus mes inquiétudes redoublent, plus je tremble d'être malheureuse!

MARIA.

XXIX

Le convalescent.

— Ainsi vous pensez, docteur, que d'ici à quelques jours, je pourrai supporter le voyage?

— Vous auriez même assez de force aujourd'hui; mais il faut de la prudence et prévenir jusqu'à la possibilité d'une rechute. C'est moi qui ai conseillé à M. le duc de vous faire transporter à sa campagne. Vous allez respirer un air pur, et vous serez beaucoup mieux ici qu'au milieu du tumulte de Paris... Restez sous ce berceau plutôt que dans votre chambre, et faites, de temps à autre, une promenade dans le parc. Je reviendrai vous visiter demain.

Le médecin se disposait à sortir.

— Docteur, puisque vous retournez à Paris, dit Alfred, voulez-vous me rendre un service?

— Volontiers.

— Un prêtre m'écrit de l'Hôtel-Dieu et m'invite à me transporter chez lui. Il a, me dit-il, une importante révélation à me faire... Serez-vous assez bon pour aller le prier d'agréer mes excuses et l'engager à venir me voir? La voiture qui doit vous reconduire pourra le ramener si ses occupations le lui permettent... Voici son adresse...

Le médecin s'éloigna, après avoir promis à son malade de s'acquitter de cette commission.

— Que peut me vouloir ce prêtre? se dit Alfred en regardant une lettre déployée sur ses genoux. « *Une femme près de mourir sollicite mon pardon* ». ..Je m'y perds... C'est une énigme pour moi. Allons, il viendra me l'expliquer.

Le jeune homme se leva et se mit à se promener lentement. Il avait été pendant six semaines entre la vie et la mort. Ses joues étaient pâles, ses yeux enfoncés dans leur orbite, et l'on voyait sur son visage cette mélancolie profonde, suite d'une maladie causée par le chagrin.

« Oui, se disait-il, oui, je partirai sans *la* voir... Je crains trop ma faiblesse!... J'irai sur la tombe de ma mère pleurer mon coupable amour : du haut des cieux elle verra mon repentir et me pardonnera... Où donc avais-je mis tous les nobles sentiments de mon cœur? Est-il possible que j'aie pu oublier Maria, l'oublier quand sa main m'était promise?... Insensé! je cherchais le bonheur où il ne pouvait être pour moi!... Maria, je vais te revoir... Hélas! j'ai fait couler tes pleurs; mais toi aussi tu me pardonneras, car je n'ai pas cessé de t'aimer..... Ce trouble qui me poursuivait jusque dans les bras d'une autre était produit par ton souvenir. Et dans ma maladie, c'est toi que je voyais près de moi; c'est ta voix qui me rappelait à l'existence, et me promettait l'oubli de mes erreurs... Jamais *son* image n'est venue se placer devant la tienne. Oh! Maria, je n'ai pas cessé de t'aimer!... »

En ce moment Alfred entendit le frôlement d'une robe de soie contre la charmille, et la duchesse entra sous le berceau.

— Vous ici, madame?... Quelle imprudence!

— Ajoutez quelle indiscrétion, mon ami... En ne m'avertissant pas de votre départ pour la campagne, c'était assez me dire que vous ne désiriez pas m'y voir.

— Je vous y verrais avec plaisir si cette démarche n'était pas de nature à vous compromettre...

— Ma tante et la comtesse de Courville ont eu la bonté de m'accompagner, dit Laure étouffant un soupir; je ne suis venue que pour vous faire une seule question... M'aimez-vous encore?...

— Madame, répondit Alfred, voyez ces arbres en fleurs, cette verdure, ce beau soleil... C'est une délicieuse journée de printemps, n'est-ce pas?... Tout nous invite à l'amour... Oui, mais pour ma mère il n'est plus de printemps, plus de fleurs, plus de soleil!... Et vous voulez, madame, que sur sa tombe fraîche encore je prononce des paroles d'amour?... Vous voulez que j'oublie la malédiction qu'elle a dû lancer sur moi à sa dernière heure, que j'étouffe la voix du remords quand je suis si cruellement puni de ma criminelle passion?...

— Pitié! pitié, mon Dieu! s'écria la jeune femme en levant ses mains jointes au ciel.

— Laure, nous avons tous deux besoin de calme, vous pour m'entendre, moi pour ne pas faiblir. Vous me demandez si je vous aime toujours?... Ah! j'en suis à me demander si j'ai pu vous aimer, moi qui avais fait serment devant Dieu d'être fidèle à un autre amour, moi qu'une pauvre jeune fille attendait à l'autel, pendant que je l'oubliais à vos pieds...

— Oh! dit la duchesse, vous prenez un atroce plaisir à me déchirer le cœur!...

— Cependant je voudrais vous voir heureuse, votre félicité dût-elle me coûter tout mon sang. Mais puis-je donc vous sacrifier ma conscience! Si je vous disais tout ce que j'ai souffert de mes remords, vous me plaindriez peut-être... Car dans cette cruelle maladie qui brisait mon cerveau, quand mes yeux cherchaient en vain le sommeil, quand la fièvre consumait mes membres, j'ai vu ma mère, enveloppée d'un linceul, me reprocher mon parjure... A ses côtés était cette jeune fille que j'ai tant aimée avant de vous connaître. Ah! madame, j'ai promis à ma mère de rompre des liens que désapprouve le ciel!...

— Assez! dit la duchesse en se levant avec précipitation; je ne suis pas dupe, monsieur, de tous ces beaux dehors de vertu. Depuis que je ne lis plus dans vos yeux qu'une froideur désespérante, je m'attendais à cet abandon; j'y étais préparée!... En me faisant de pareils aveux, vous espériez sans doute jouir de ma douleur; vous pensiez que j'allais me traîner suppliante à vos pieds, moi, faible femme, qui n'ai que mes larmes pour défense... Vous me parlez de vos remords!... d'une parole je pourrais les accroître; mais je vous méprise trop pour mendier votre compassion...

— Je vous en conjure, madame, ne nous séparons pas ainsi!... J'espérais vous offrir mon amitié en échange d'un sentiment qui ne nous est plus permis...

— Votre amitié! reprit la duchesse en souriant avec amertume : Vous me croyez donc capable de descendre jusqu'à la bassesse?... Détrompez-vous, monsieur, j'ai l'âme fière, et si mon cœur était assez vil pour vous conserver même un sentiment d'amitié, je m'arracherais le cœur!... Ah! vous m'offrez votre amitié! Continua Laure, les lèvres tremblantes de colère; mais vous oubliez, monsieur, que notre amour était un crime, que ma vue serait pour vous un continuel remords et vous rappellerait sans cesse la violation de vos premiers serments!... Allez retrouver cette jeune fille qui vous attend à l'autel; dites-lui : « J'ai rencontré une femme dont j'ai surpris les pleurs... Elle était malheureuse et j'ai profité de son infortune pour m'en faire aimer; puis quand elle a pu croire au bonheur, j'ai renversé d'un souffle toutes ses espé-

rances... j'ai broyé son cœur sous mes pieds!...»
Dites encore à cette jeune fille que vous mentiez
en m'assurant de votre amour; mais que l'amour que vous lui promettez n'est point un mensonge... Elle vous croira; oui, n'est-ce pas, elle
devra vous croire?... Pour moi, je regarde l'offre de votre amitié comme une injure... J'aimerais mieux votre haine!...

— Moi vous haïr?... Hélas! vous ne m'avez
pas compris!

— Pardonnez-moi, monsieur, je vous ai parfaitement compris, répondit la duchesse dont la
douleur luttait avec l'orgueil; mais avant de vous
quitter pour ne plus vous revoir, je veux vous
dire l'opinion que vous venez de me donner de
votre personne. Je vous place au nombre de ces
hommes sans cœur qui ne sentent pas le déchirement d'une séparation, parce qu'ils n'ont jamais aimé; qui ne savent pas faire un sacrifice à
une amante, parce qu'ils n'ont dans l'âme ni générosité, ni vertu; de ces hommes qu'un sourire

amène à vos pieds, que le moindre obstacle en éloigne, et dont le caractère est basé sur l'inconstance et la fourberie...

— Madame, dit Alfred avec dignité, je ne vous ai jamais donné le droit de me juger ainsi... Je conviens de mes torts, et je suis loin de vous en accuser, vous dont je plaignais la souffrance, et que j'ai voulu follement consoler par l'oubli de tous mes devoirs, par une ingratitude monstrueuse envers mon bienfaiteur... Ah! que ne vous ai-je offert plutôt une amitié que vous rejetez aujourd'hui avec dédain!... Je me serais épargné les reproches sanglants de ma conscience; je n'aurais pas perdu ma mère!... Madame, vous ne pouvez penser ce que vous disiez tout à l'heure...

Le jeune homme laissa tomber sa tête sur sa poitrine, et des larmes brûlantes sillonnèrent ses joues...

Grâce, Alfred; grâce, mon ami!... La douleur

égare ma tête; je suis folle... Mais est-il bien vrai que tu m'abandonnes, toi, mon seul amour, le seul être auquel je puisse confier mon bonheur?... Non, c'est impossible, je faisais un rêve... Tu ne me quitteras pas, car tes larmes me disent assez que cela coûterait à ton cœur... Et puis des nœuds indissolubles, éternels, nous unissent maintenant... Alfred, ce que je ne voulais pas te dire parce que me défiais de ta générosité, apprends-le... Je suis mère!

Il fixa sur elle des yeux béants et stupides.

Tu n'as pas oublié que tu m'as promis de fuir, et l'honneur doit te rendre cette promesse sacrée... Fuyons, mon ami; sauve-moi de la colère de mon époux!... Tu ne me réponds pas... Alfred, je suis mère!...

— Vous mentez, madame! dit Alfred en saisissant avec force les bras de la duchesse, qui s'étendaient vers lui; dites que vous mentez!...

— Non, je ne mens pas, s'écria Laure : j'ai

senti mon enfant tressaillir dans mon sein...

— Oh! dit Alfred, je suis maudit!!!

Il s'arracha des bras de la duchesse qui poussait des cris déchirants, et se prit à courir comme un insensé, se frappant la tête contre les arbres et voulant se donner la mort... On le retrouva sans connaissance, étendu dans une allée du parc, et l'on courut à Paris chercher le médecin.

XXX

L'énigme expliquée.

— Vous avez donc fait quelque imprudence ? dit le médecin.

Alfred ne répondit pas... Un prêtre se tenait à l'écart, ignorant si, dans l'état du malade, il pouvait lui parler. Le médecin l'assura qu'il n'y avait aucun risque, ajoutant que la blessure qu'Alfred s'était faite à la tête ayant beaucoup saigné, cela contribuerait à lui soulager le cerveau... Il sortit, et le prêtre s'approcha du lit. A sa vue, le jeune homme lui tendit la main.

— Merci, dit-il; vous venez, au nom du ciel, m'apporter des consolations à ma dernière heure... Je vais enfin mourir!...

— Vous ne mourrez pas, mon ami...

— Tant pis! dit Alfred... et il retomba découragé sur son lit.

— La religion nous défend de désirer la mort...

— Je n'ai plus de religion...

— Il vous en faudra cependant si vous voulez pardonner à celle qui vous demande l'oubli de ses torts.

— C'est donc vous qui m'avez écrit de l'Hôtel-Dieu?... Cela m'était passé de l'esprit... J'ai su depuis des choses si horribles! ajouta-t-il tout bas.

— Vous connaissez une personne du nom d'Aglaé?

— Oui, dit Alfred, rappelant ses souvenirs... Une prostituée, qui jadis offrit son corps à mes désirs impurs...

— Ma lettre vous a dit ce qu'elle attend de vous.

— Un pardon?... dit Alfred en ricanant. Puis d'une voix sombre il continua : Je suis plus coupable qu'elle... J'ai prostitué mon cœur...

— Que dites-vous, mon ami?

— Rien, dit Alfred.

— Etes-vous instruit de ce qui s'est passé depuis?

— Je n'ai plus revu cette femme.

— Pauvre jeune homme ! la perversité à tramé contre vous, dans l'ombre, une conspiration qu'il vous était impossible de déjouer... On vous a calomnié dans l'esprit de ceux dont l'estime vous était peut-être plus chère que la vie...

— Je ne vous comprends pas, monsieur...

— Votre famille habite Cherbourg?

— Il ne m'y reste plus qu'une sœur.

— Avant de venir à Paris, vous aimiez une jeune fille dont vous espériez obtenir la main ?..

— D'où savez-vous cela? dit Alfred en se dressant sur son lit.

— Vous aviez un rival qui s'est vu forcé de renoncer à ses prétentions, et qui peut-être vous a supplanté de nouveau...

— Mais encore une fois, monsieur, dit Alfred, très pâle, comment êtes-vous instruit ?...

— Par les aveux que cette femme, aujourd'hui repentante, va vous faire par ma bouche. Ecoutez-moi sans m'interrompre, et surtout n'oubliez pas, continua le prêtre en ouvrant sa soutane et tirant un crucifix de son sein, que, si grands que soient les torts de ceux qui ont cherché à vous nuire, celui dont vous voyez l'image vous ordonne de pardonner... Promettez-moi de ne pas songer à la vengeance...

— Je vous le promets, dit Alfred.

— Cette femme était la maîtresse de votre rival...

— De Frédéric?... Oh! je ne l'ai pas deviné!...

— Elle a été chargée par lui de vous faire tomber dans un piége, et cette mission criminelle n'a eu que trop de succès. Une bague vous a été dérobée; précédemment une lettre avait été ouverte et transcrite... Ces preuves mensongères vous ont fait accuser d'une trahison dont, je le sais, vous n'êtes pas coupable; elles ont été envoyées à votre fiancée... Voici ce qu'on lui a écrit...

— Ah! dit Alfred en froissant avec rage la lettre d'Aglaé qu'il venait de parcourir, je comprends enfin pourquoi j'ai passé pour un être vil et méprisable... je comprends pourquoi ma mère est morte, car un silence de quelques jours n'était pas une raison pour me croire un infâme!... Vous ne savez pas, monsieur, que cette lettre indigne a tué ma mère, qu'elle m'a flétri dans le cœur de mon amante?... Vous ne savez pas que c'est mon sang, ma vie qu'ils m'ont fait perdre?. L'amour de cette jeune fille était mon dernier espoir, l'asile où j'allais oublier de cruelles douleurs... Et vous voulez que je pardonne?... Jamais!...

Le prêtre montra le crucifix.

Alfred tenta sur lui-même un effort violent.

— Eh! bien, dit-il, je pardonnerai puisque je l'ai promis... Mais cette femme vit encore, n'est-ce pas? Je ne veux pas qu'elle meure avant d'avoir réparé son crime, sinon je la rends responsable de tous les maux qui résulteront de mon désespoir... Courez, monsieur, courez! Il faut qu'elle signe de sa main mourante le désaveu de son mensonge...

— C'est la première chose que j'ai exigée de son repentir.

— Bien, monsieur, bien! dit Alfred.

Il y eut un silence pendant lequel le jeune homme s'étudiait à dissimuler sa haine et sa colère... Il venait de prendre son parti. Le prêtre le crut calme et lui tendit la main.

— Adieu, mon ami; souvenez-vous que vous avez abjuré toute idée de vengeance...

— Tranquillisez-vous, dit Alfred, et ses lèvres

pâlies par la colère murmuraient sourdement des paroles de mort contre Frédéric.

— Ne pas me venger ?... s'écria-t-il lorsqu'il fut seul... Oh! ce prêtre est fou!... Il vient me nommer celui qui m'a lacéré l'âme de ses ongles de tigre, et il veut que je pardonne... Il veut me convaincre que le ciel exige une lâcheté ?.. Non, non, je ne pardonnerai pas! je m'élancerai sur mon ennemi comme le vautour sur sa proie; je m'abreuverai de son sang... et Maria sera mon épouse, dussé-je tuer son père!... Ah! je ne vois en ce monde que noirceur et perfidie ?... Moi aussi je serai méchant et perfide!...

Il se précipita hors du lit.

— J'ai de la force à présent... Frédéric, je suis à toi!

Il sonna.

— Des chevaux! s'écria-t-il en jetant sa bourse au domestique qui entrait.

Ce dernier voulut faire des observations.

— Voilà mes malles... si dans dix minutes tu m'amènes une chaise de poste, cette bourse t'appartient; si tu ne m'obéis pas, je t'assomme... Choisis!

Au bout de dix minutes il était sur le marchepied de la voiture, lorsqu'une fenêtre du château s'ouvrit avec fracas... Un cri perçant de femme se fit entendre...

— Ah! dit froidement Alfred, je ne pensais plus à elle...

La voiture partit.

XXXI

Révélation.

Une heure après, une jeune femme, dans le désordre physique le plus effrayant, descendait à l'hôtel d'Etanges et se dirigeait à pas précipités vers le salon... Le duc était seul. Laure s'arrêta près de la porte, comme pour reprendre haleine, et vint se placer, pâle, échevelée, devant son mari, qui la regardait avec stupeur.

—On dirait que vous ne me reconnaissez pas, monsieur?...

— Je vous avoue, mon amie, qu'il y a dans tout votre extérieur quelque chose de si étrange... Votre mère sort d'ici...

— J'aurais été flattée qu'elle restât pour entendre, elle aussi, ce que j'ai à vous dire...

— Madame, dit le duc effrayé du ton dont sa femme prononça ces paroles, j'ignore la cause de votre agitation; mais, puisque vous voulez bien me la confier.... asseyez-vous...

Il avança un fauteuil.

— Non, dit Laure, un criminel reste debout devant son juge... Au fait, ajouta-t-elle, nous sommes tous deux coupables d'un crime : la partie est égale...

Elle s'assit.

— Expliquez-vous, madame, s'écria le vieillard en s'agitant violemment sur son siége.

— Monsieur, je vous parle de sang-froid..... veuillez m'écouter de même. Rappelez-vous ce jour où vous êtes venu chez ma mère m'annoncer que vous prétendiez à ma main ; je vous ai répondu que je ne vous aimais pas..... que jamais je ne pourrais vous aimer..... Vous vous le rappelez, n'est-ce pas ?...

Le duc frappa du pied sur le parquet.

— Vous avez persisté cependant, continua Laure, dont chacune des paroles vibrait aiguë et saccadée... Ma mère, séduite par votre fortune et votre rang, m'ordonna de lui obéir, et vous m'avez reçue pour femme..... Voilà votre crime !

— Et le vôtre, madame, le vôtre, maintenant !...

De sa main sèche, le vieillard saisit la main de Laure et la força de ployer sur ses genoux.

— Je m'attendais à votre colère, dit-elle, et j'aurai le courage d'en subir les conséquences... Epouse coupable, ce n'est pas un pardon que je viens demander...

— Taisez-vous, infâme! dit le duc avec une voix terrible... Respectez mes cheveux blancs!...

— Vous me brisez les doigts, monsieur...

— C'est juste, dit-il en lâchant sa main, vous êtes une femme...

Il fit quelques tours dans le salon et revint près de la duchesse, qui était encore dans la posture suppliante où il l'avait placée.

— Ainsi, vous avez un amant?...

— J'en avais un, dit Laure...

— Ah! il vous a quittée?... dit le duc en se rasseyant; il vous méprise donc, madame; il se charge de me venger, ce jeune homme.... car ce doit être un jeune homme : vous n'aimez pas les rides, vous, les rides avec un bon cœur... Vous préférez la jeunesse avec la perfidie... Ah! il vous a quittée!.... Mais alors qu'attendiez-vous en venant effrontément me faire l'aveu de votre infidélité?

— Votre haine et l'ordre de m'éloigner de vous..... afin que, dans l'asile où j'irai cacher ma douleur, je puisse avoir la certitude que vous ne viendrez pas, au nom des lois, réclamer votre épouse...

— Et vous avez cru que je vous donnerais un pareil ordre?... Vous vous êtes imaginé follement que je consentirais à une séparation, quand, de tous côtés, on me vante vos charmes, votre vertu..... oui, votre vertu!.... quand on me félicite sur mon bonheur, et que je suis si glorieux, moi vieux et laid, de faire parade de ma jeune et belle épouse!... Allons donc, madame, vous n'y avez pas songé...

Il se prit à rire aux éclats.

— Pour vous-même, s'écria Laure en joignant les mains, laissez-moi partir...

Le duc haussa les épaules...

— Ah! dit-elle anéantie, il faudra donc lui avouer tout...

Le vieillard paraissait calme, mais il y avait sur ses lèvres un atroce sourire de vengeance.

— J'ai eu la faiblesse de céder à tes caprices, murmura-t-il tout bas, de me résoudre à n'être que ton père, et tu t'es servie de ma bonté pour souiller mon nom, pour te livrer au premier venu qui, dégoûté déjà de sa facile conquête, va proclamer partout mon déshonneur... Et le monde rira, le monde se moquera de moi!... Femme adultère, tu n'as pas eu la patience d'attendre ma mort.... Eh bien! je ne mourrai pas sans me venger... Tu subiras ton vieux mari!

Il attira Laure à lui et déposa un baiser sur

ses épaules nues... La jeune femme se rejeta en arrière en poussant un cri d'horreur...

— Sois à moi! dit le duc, et je te pardonne...

— Oh! dit Laure, vous seriez donc assez vil pour vouloir d'une femme qui vient vous avouer qu'elle a répudié ses devoirs d'épouse?... Vous profiteriez de ma honte pour assouvir sur moi votre brutale passion, au lieu de me haïr et de me chasser de votre présence?... Maintenant, monsieur continua-t-elle en se redressant avec fierté, je puis vous regarder en face, car vous venez de me donner le droit de vous mépriser... Je vous le répète, je ne suis pas venue vous demander un pardon... Il n'y a pas de pardon sans repentir, et je ne me repens pas!...

— Et si je t'aime, dit le duc; si je veux te pardonner...

Il essaya de l'entourer de ses bras; Laure s'élança à l'autre extrémité du salon...

— N'approchez-pas!... s'écria-t-elle avec désespoir; je ne vous appartiens plus..... je suis enceinte!...

— Oh! dit le duc furieux, c'en est trop!...

Il saisit un fauteuil et s'approcha de sa femme dans cet état d'exaspération où l'homme est capable d'un meurtre... Mais la comtesse de Courville entra au salon. En voyant partir son amant, Laure avait pris soudainement une résolution qu'essayèrent en vain de combattre sa tante et son amie. Toutes leurs remontrances avaient dû céder devant l'énergie de son caractère; mais, afin de prévenir les funestes conséquences qui pouvaient résulter d'une explication conjugale, rendue, en quelque sorte, inévitable par la position de la duchesse vis-à-vis de son mari, madame de Courville avait voulu suivre Laure, et s'était placée dans une pièce voisine du salon d'où elle avait pu tout entendre... Elle parut au moment où sa malheureuse amie allait être victime de la colère d'un époux outragé...

— M. de Courville et moi nous partons pour l'Italie, dit-elle au vieillard... Laure et sa tante nous accompagneront... Je vous connais, monsieur le duc, trop d'expérience et de jugement pour croire que vous vous opposerez à ce voyage...

Le duc, dont toute la force morale était brisée, laissa sortir sa femme avec la comtesse.

XXXII

Maria à Hortense.

Je le connais enfin cet affreux complot que mes pressentiments me faisaient entrevoir.... Hortense, je t'envoie deux lettres : l'une est d'un prêtre, l'autre de cette femme de Paris qui, en présence de l'éternité, rétracte son imposture... Et mon père veut me donner pour époux l'homme qui a tué mon bonheur!... Il ne voit pas l'infamie de ce Frédéric, tous les maux qu'il a causés; il me défend de lui reprocher son crime... Et lui qui m'a donné la vie, lui dont le cœur devrait frémir de l'indignation qui remplit le mien, lui-même ne veut rien dire, ne veut rien rompre, et prétend que la ruse odieuse de cet homme prouve son amour pour moi... Oh! je rougirais de mon père, si un autre que moi avait pu l'entendre!...

MARIA.

XXXIII

Hortense à Maria.

J'ai sous les yeux les deux lettres que tu m'as envoyées, et j'y vois une chose dont tu ne me parles pas, sans doute par délicatesse : je veux dire la complicité de mon frère... Je te remercie de ne pas tenir sur lui le même langage que sur

M. Frédéric... Cependant je ne balancerais pas à lui donner les plus grands torts, si je croyais ton indignation motivée, puisqu'il n'avait aucun intérêt à conseiller à cette femme de mentir..... Mon frère est capable d'une légèreté, mais non d'une noirceur; j'aime à croire M. Frédéric de même... Tous deux ont commis étourdiment une action blâmable, et voilà tout...

Réfléchis bien, ma chère cousine, avant de chagriner ton père. A son âge on juge beaucoup mieux des choses, et peut-être ne se trompe-t-il pas en regardant comme une preuve d'amour la ruse employée par ton prétendu pour se débarrasser d'un rival... Veux-tu que je te parle avec franchise?... eh bien! je suis convaincue que l'affection de ton premier amant n'était pas sincère, car il n'a pas fait la moindre démarche pour se justifier dans ton esprit... Ce serait donc un service que M. Frédéric t'aurait rendu, et tu n'as pas oublié qu'il a d'autres droits à ta reconnaissance..

Calme ton imagination, ma cousine, crois-moi... Ne recommence plus à te créer des chagrins : tu sais combien ils nuisent à ta santé.

Hortense.

XXXIV

Maria à Hortense.

Et toi aussi, ma chère amie, tu traites de légèreté l'action la plus noire, celle de calomnier un innocent... Je n'ai donc plus au monde un être qui compatisse à ma douleur !... Mais, cette fois, je saurai la supporter; je sens trop combien j'ai besoin de courage pour lutter seule contre l'opinion de tous...

Hortense, je ne veux pas discuter avec toi les torts de ton frère... Je dis seulement que M. Frédéric est un lâche !... Mieux eût valu mille fois qu'il attaquât Alfred avec une arme mortelle... mon amant aurait pu se défendre : au lieu qu'il s'est trouvé dans la position du malheureux voyageur qu'un assassin caché frappe à coup sûr, sans crainte d'être découvert. Et tu dis qu'Alfred ne m'aimait pas, parce qu'il ne s'est pas justifié?... Comment aurait-il pu le faire, lui dont le noble cœur était si loin de soupçonner l'infernale machination de son ennemi?... Lui qui sentait sa conscience pure, et qui m'a vue renoncer à notre amour sans que je lui eusse offert un seul moyen de justification!.... Oh ! il a dû me mépriser ; mais il saura tout !... Rien sur la terre ne peut me forcer à rester entachée de son mépris. Si je ne mérite plus sa tendresse, du moins je pourrai mourir contente, après avoir regagné son estime, en lui manifestant la honte que j'éprouve d'avoir cru son calomniateur...

Cet homme m'a sauvé la vie!... C'était pour me la rendre plus amère... Le dernier germe de la reconnaissance est étouffé dans mon cœur.....

XXXV

Dutac à Frédéric.

Trois énormes catastrophes à t'annoncer !... J'ai complètement échoué dans un examen que j'ai passé hier, et c'est d'autant plus désagréable que mon père ne délie les cordons de sa bourse qu'en proportion de mes progrès..... première catastrophe!... Aglaé vient de mourir des suites de son accident. J'ai été fort surpris, en allant pour la voir à l'Hôtel-Dieu, d'apprendre qu'elle était enterrée depuis deux jours..... deuxième catastrophe!... Enfin, ma belle duchesse est envolée..... troisième catastrophe, et c'est la plus désespérante!

Hier, pour dissiper mes ennuis, j'étais décidé à tenter la seconde visite, pensant qu'elle aurait plus de succès que la première... Je me rendis chez elle, en cabriolet, bien entendu, pour ne pas salir les tapis de l'appartement.

— Madame la duchesse est visible? demandai-je au concierge. — Non, monsieur. — C'est pourtant l'heure où elle a coutume de recevoir... — Oui, mais elle n'est plus à Paris. — Et pourrais-je vous demander, sans indiscrétion?... — Elle est en Italie. — En Italie?... M. le duc l'accompagne, sans doute?... — M. le duc est à l'extrémité. — Diable!... mais pourquoi ce prompt départ?... — Ah! vous voudriez en savoir la raison, et moi aussi, et bien d'autres ; mais personne ne la connaît... — Excepté moi, dit une femme de chambre qui avait entendu notre conversation. Je voulus l'interroger ; elle me tourna le dos... C'était discret ; mais ce n'était pas poli...

En Italie !... Adieu, tous mes beaux projets de séduction... Le moyen de la suivre, à moins d'avoir des ailes ou des billets de banque en portefeuille ?... Est-ce que, par hasard, j'aurais été prévenu ? Ce voyage ne serait-il pas un prétexte pour dérober à l'oreille du mari les soupirs d'un amant ?...

> Grâce au ciel, mon malheur passe mon espérance !
> Oui, je te loue, etc.

Mon cher ami, lorsque tu auras touché la dot de ta femme, je te serais obligé si tu m'envoyais quelques billets de mille francs... Je renonce à mon cours de médecine, et je vais l'écrire à ma famille..... en lui laissant néanmoins la liberté de me faire propriétaire ou rentier.

XXXVI

Frédéric à Dutac.

Je t'envoie le peu d'argent dont je puis disposer, et je t'engage à l'employer à venir à ma noce... Puisque tu es décidé à renoncer à ton cours de médecine, nous ferons entendre raison à ton père.

Aglaé est morte... j'en suis fâché pour elle ; mais pour moi, c'est différent... mon secret est enterré.

Si je n'avais pas reçu ta lettre, j'aurais cru que Maria avait appris quelque chose de cette diable d'affaire... J'ignore ce qui peut la rendre aussi maussade, à moins que ce ne soit l'approche du mariage qui lui fasse peur. Il y a des jours où je crains qu'elle ne s'avise, au moment critique, de dire un *non* pour un *oui*... Conviens que ce serait très curieux. C'est égal, je me risque !

XXXVII

En un jour.

On attelait les chevaux au dernier relais... Alfred était parti depuis cinq jours; mais son état de faiblesse l'avait forcé de s'arrêter à Caen.

— Monsieur, dit le postillon, où faudra-t-il vous descendre ?...

— A la porte du cimetière... Eh! que fais-tu donc là, les bras pendants?... ne m'as-tu pas compris?... Tu conduiras ensuite la voiture et mes bagages chez le général Belmont...

— Au cimetière! murmura le postillon en montant à cheval; ça ne m'étonnerait pas, tout de même, s'il trépassait avant d'arriver, car il a l'air d'un moribond... Il m'a payé d'avance, c'est l'essentiel... En route!...

A six heures du matin, le fossoyeur, très étonné de voir une chaise de poste s'arrêter devant son domicile, mit la tête à sa fenêtre.

— La tombe de madame Daniel? lui dit Alfred.

— Attendez, monsieur, je vais vous y conduire... Entrez, par ici... Ah! c'était une fosse diablement dure, allez!... Il gelait à quinze degrés, ce jour-là; j'ai cassé trois pioches, et la pauvre femme n'a pas dû avoir chaud, je vous en réponds...

—Malheureux! dit Alfred en le poussant avec force, ne vois-tu pas que je suis son fils?...

— Ah! dam, je n'en savais rien, moi... ce n'est pas une raison pour culbuter les gens.... Tenez, c'est là....

Alfred tomba à genoux et se prosterna le front sur la pierre. Les grandes douleurs n'ont point de larmes : il ne pleurait pas, mais il poussait des cris sourds qui semblaient sortir du tombeau. Une heure après il se releva...

— Adieu, ma mère! s'écria-t-il, adieu pour toujours! J'ai dû vous rendre ma première visite... Maintenant, à ma vengeance!

Il sortit du cimetière et se rendit chez le général; celui-ci n'était pas encore levé. Alfred défendit qu'on l'éveillât et ne voulut pas même que l'on avertît Léonie de son arrivée. Il se fit donner une chambre, s'habilla, puis écrivit deux lettres... Pierre vint l'avertir lorsque le général et Léonie furent sur le point de déjeuner, ajoutant qu'il n'avait rien voulu dire pour leur laisser le *plaisir* de la surprise. Alfred lui donna une lettre à porter de suite et garda l'autre sur lui.

— Voilà mon œuvre commencée, dit-il ; il faudra qu'elle s'achève...

Il descendit à la salle à manger.

— Alfred, mon pauvre Alfred ! s'écria Léonie, en tombant dans ses bras... tu ne verras donc plus notre mère !...

— Comment, c'est toi, mon garçon ? dit le général ; tu nous arrives comme une bombe...

Et le vieux militaire ne put retenir ses larmes en entendant les sanglots des orphelins... Le déjeuner fut emporté comme il avait été servi. La présence d'Alfred avait réveillé de trop cruels souvenirs pour laisser à ces trois personnes d'autre pensée que celle d'une perte douloureuse, un autre besoin que celui de pleurer ensemble.

— Ma sœur, dit Alfred, qui le premier reprit du calme, va mettre un crêpe à mon chapeau...

— Et ta santé, mon ami?... demanda le général resté seul avec le jeune homme.... encore languissante... Allons, tu achèveras de te rétablir en respirant l'air du pays...

— Je n'y ferai pas un long séjour, dit Alfred; ce soir je dois partir... ou prendre place à côté de ma mère...

— Es-tu fou?...

— Général, si vous aviez jamais rencontré un homme qui vous eût calomnié lâchement; qui, non content d'être un obstacle à votre bonheur, se fût servi contre vous des plus basses intrigues...; s'il avait taché votre réputation au point de vous faire maudire de ceux que vous aimiez...; s'il avait fait mourir votre mère!..... qu'eussiez-vous fait alors?...

— Tu me le demandes, à moi soldat?... je lui aurais donné du plat de mon sabre au travers de la figure, et je lui aurais dit : « Marche! »

—Bien! dit Alfred... J'ai rencontré un pareil homme... il me faut sa vie...

— Diable!... un duel?...

— Oui, général... ma cause est juste...

— Ne compte pas là-dessus, mon ami : trop souvent le bon droit succombe...

— Qu'importe? dit Alfred; je ne tiens plus à vivre.

Il sortit et rencontra Pierre.

— La réponse ?...

— M. Frédéric doit faire une promenade à cheval vers midi : il vous donne rendez-vous sur le rivage...

— Selle un cheval, et va m'attendre près du port... Il n'est que dix heures, ajouta-t-il en se parlant à lui-même : il me reste le temps de voir Maria.

. . . .
. . . .

Thérèse en ouvrant la porte reconnut Alfred et faillit tomber à la renverse...

— M. Berthier est-il chez lui?...

— Oui, monsieur...

— Et sa fille?...

— Aussi... Mais ne faites pas de scène, je vous en conjure, mon bon monsieur!... C'est à n'y plus tenir ici; tout le monde est en bouleversement. M. Berthier est colère du matin au soir, et ma pauvre maîtresse pleure... elle pleure, que c'est une pitié!... Ah! j'avais toujours bien dit que ce M. Frédéric nous porterait guignon!... Lorsqu'il est venu chez nous pour la première fois, j'ai cassé une douzaine d'assiettes, et depuis ce temps-là nous n'avons eu que du chagrin....

— Tu remettras, en secret, cette lettre à Maria... et la réponse avant ce soir!... ou bien il arriverait des malheurs...

Alfred entra dans la chambre... Ce fut comme un coup de foudre. Maria fléchit sur ses genoux et se cacha le visage dans ses mains... Son père effrayé regardait Alfred qui se dressait comme un accusateur, et dont les traits pâles et décomposés montraient ce qu'il avait souffert... Il n'y avait plus que deux jours avant le mariage, et si l'ex-armateur attendait quelqu'un, ce n'était assurément pas celui qui pouvait seul renverser ses projets et rendre invincible la résolution de sa fille... Il était attéré...

Alfred s'approcha de Maria et prit une de ses mains qu'il pressa sur son cœur.

— Oh! pardonne-moi, mon ami! s'écria la jeune fille...

— Tu n'es pas coupable, dit Alfred, si tu m'aimes toujours...

— Oui, je t'aime!!!

— Sortez, mademoiselle! cria M. Berthier qui se leva furieux...

— Thérèse va te remettre une lettre, dit Alfred à voix basse... s'il est vrai que tu m'aimes....

Leurs yeux achevèrent le reste, et Maria sortit.

— Monsieur, dit, en s'asseyant, Alfred à l'armateur, je viens réclamer la main de votre fille... Veuillez me donner à l'instant une réponse positive, attendu que je n'ai pas un instant à perdre...

Le sang-froid du jeune homme ôta à M. Berthier toute son assurance.

— Vous devez savoir, mon ami, répondit-il avec hésitation, qu'il s'est passé depuis des choses... vraiment, ce mariage... Je sais que vous avez eu ma promesse, cependant...

—Croyez-vous encore aux calomnies dont j'ai été l'objet?...

— C'est malheureux, j'en conviens... mais,

voyez-vous, deux fois déjà j'ai changé d'avis... une troisième fois... non, ça ne se peut pas : je me perdrais de réputation... J'ai promis Maria au fils de M. Evrard; on doit signer demain le contrat...

Alfred grinça des dents.

— Ainsi, dit-il, vous ne me laissez plus d'espoir?...

— Je ne veux plus changer d'avis...

— Cela suffit... adieu, monsieur.

— Tiens! se dit M. Berthier; mais il prend très bien la chose... Il est plus raisonnable que ma fille, ce jeune homme...

Alfred en sortant trouva Thérèse, pâle et tremblante, qui lui remit la clé du jardin de la part de Maria.

— Allons, dit-il, tout va bien!

Il monta sur le cheval qu'il s'était fait préparer et courut au bord de la mer...

. . . .

. . . .

« Le ciel était pur; un vent léger ridait la surface des eaux, et la blanche écume caressait, avec un doux murmure, le sable doré du rivage. »

. . . .

. . . .

Frédéric arriva.

— Le diable m'emporte! s'écria-t-il en abordant Alfred, jamais je n'ai été plus surpris qu'en recevant ta lettre... je te croyais dans l'autre monde...

— Tu avais compté sans ton hôte, dit Alfred d'une voix sourde...

Il mit son cheval au pas de celui de Frédéric.

. . . .

. . . .

« Un vent léger ridait la surface des eaux, et la blanche écume caressait, avec un doux murmure, le sable doré du rivage. »

. . . .

. . . .

— Il y a aujourd'hui huit mois, dit Alfred, nous avons eu ensemble, dans la mansarde que j'habitais alors, une conversation dont tu dois te souvenir... Qui de nous deux maintenant se repent de son système?

— Ce n'est pas moi, dit Frédéric.

— Ainsi tu n'as pas appris à croire en Dieu?..

— A quoi bon?..

— Tu vas le voir... Une de ces femmes complices de tes débauches se trouvait, il y a peu de jours, sur un des lits de l'Hôtel-Dieu... l'heure de sa mort allait sonner; un prêtre l'exhortait au repentir...

— Aglaé?... dit Frédéric avec trouble.

— Ah! tu dois comprendre enfin qu'il est utile de croire en Dieu... La religion que tu méprisais s'est vengée de tes sarcasmes en démasquant un traître!...

Il saisit avec fureur le bras de Frédéric.

— Ose me regarder en face!...

. . . .
. . . .

« Un vent léger ridait la surface des eaux, et la blanche écume caressait, avec un doux murmure, le sable doré du rivage. »

. . . .
. . . .

— Tu n'avais pas assez bien gravé tes principes dans le cœur de cette femme... tu ne lui avais pas donné la force de braver à son dernier soupir la colère du ciel... Apôtre de la corruption, tes prosélytes ne te valent pas!...

— Je te prie de lâcher mon bras, ensuite tu parleras à ton aise...

— Te lâcher? tu serais capable de fuir... Non, non, reste!.. tu vas renoncer à celle que j'aime, entends-tu?..

— Vraiment, mon cher, je suis fâché de te refuser... mais ta demande est, au moins, indiscrète...

— Alors, dit Alfred, que la colère suffoquait, ce soir, à la nuit tombante, je t'attends ici...

— Encore une chose qui n'est pas faisable!... Je veux bien me battre avec toi; mais après mon mariage, lorsque j'aurai du temps à ma disposition...

— Après ton mariage? ne prononce plus ce mot : je te tuerais comme un chien... Tu vas de suite renoncer à tes prétentions, car le ciel et l'enfer ne peuvent s'allier ensemble... A ce prix, je veux bien te laisser une vie d'opprobre; je te regarderai comme une vipère qui m'aurait mordu au talon, et que je dédaignerais d'écraser... Suis-moi chez le père de Maria...

— En effet, j'y songe, dit Frédéric; je dois aller porter la corbeille de la mariée...

Au même instant il poussa un cri de rage; car Alfred venait de le frapper de sa cravache, avec une telle violence que le sang lui jaillissait de la figure.

. . . .
. . . .

« Un vent léger ridait la surface des eaux, et la blanche écume caressait, avec un doux murmure, le sable doré du rivage. »

. . . .
. . . .

— Te battras-tu maintenant?...

— Oui, dit Frédéric, en cherchant à s'approcher de son rival et à le saisir...

Mais Alfred prévint son intention.

— Eloigne-toi ! s'écria-t-il... c'est bien assez que mes regards soient souillés de ta présence, homme abject et sans honneur. Ah! tu n'as pas rougi d'employer la diffamation pour me perdre... Tu as conduit ma mère au tombeau, et tu croyais que je ne viendrais pas me venger... Tu ne m'attendais pas?... tes yeux impurs s'arrêtaient avec complaisance sur mon amante, car, pour toi qui t'es roulé dans la fange avec les prostituées, c'était un friand morceau qu'une jeune vierge timide et pure... Ah ! ah ! Frédéric, démon qui voulais posséder un ange!... tu y tenais donc beaucoup à cette jeune fille, qu'il m'a fallu te couper la figure d'un coup de cravache pour te décider à te battre avec moi... pour jouer ma vie contre une vie aussi méprisable que la tienne ?... Tu le vois, il te reste de la chance...

— A quelle heure ? demanda Frédéric.

— A sept heures... un duel à mort... Deux

pistolets dont un seul sera chargé ; les canons sur nos poitrines !...

— Sans témoins ?...

— Avec des témoins... tu m'assassinerais !...

. . . .

. . . .

« Un vent léger ridait la surface des eaux, et la blanche écume caressait, avec un doux murmure, le sable doré du rivage. »

. . . .

. . . .

Frédéric lava sa blessure avec de l'eau de mer, pendant qu'Alfred retournait chez le général.

— Que ma sœur ignore tout ce qui va se passer, dit le jeune homme en serrant la main de son vieil ami. Si je suis tué, général, toutes vos bontés seront pour elle... si le hasard me donne la victoire, je quitterai Cherbourg sur l'heure... Mais il me faut de l'argent pour le voyage.

— J'ai trois mille francs à te remettre... Ils te reviennent de droit : c'est la moitié du prix de la maison de ta mère...

— Donnez-les-moi, dit Alfred.

— Ah! ça, je veux être témoin de ce duel et voir si tout se passe dans les règles.

Alfred annonça la manière dont l'engagement devait avoir lieu.

—Jamais je ne souffrirai cela! s'écria le général. Quelle que soit l'inimitié de deux adversaires, ils ne doivent pas se battre ainsi.

— Alors, dit Alfred, nous en serons quittes pour recommencer, jusqu'à ce qu'une balle frappe juste.

On servit le dîner plus tôt qu'à l'ordinaire... A six heures le jeune homme communiqua quelques ordres à voix basse au domestique, qui sortit pour les exécuter, puis la voiture du général les conduisit sur la grève... Frédéric attendait avec ses témoins. Le général plaça les adversaires à quinze pas de distance, après avoir chargé les armes devant eux. Il donna ensuite le signal...

Les deux coups partirent à la fois... Le chapeau d'Alfred fut percé à deux lignes de sa tête; Frédéric tomba... et la même chaise de poste, qui s'était arrêtée le matin à la porte du cimetière, volait, un quart d'heure après le duel, sur la route de Paris.

Elle emmenait Alfred et Maria.

XXXVIII

Trop tard.

— Il faut signer le contrat de suite, dit M. Berthier en entraînant maître Evrard hors du café de Paris... Ce jeune homme qui revient précisément à la veille du mariage me donne de l'inquiétude; et plus je réfléchis à la conversation que j'ai eue avec lui, ce matin, plus il me semble que son air tranquille cache quelque mauvais projet.

— Ma foi, je ne demande pas mieux, dit maître Evrard; nous n'avons qu'à prendre Frédéric et le notaire; puis nous nous rendrons chez vous pour en finir.

Les deux pères étaient loin de prévoir la scène sanglante qui venait de se passer... Frédéric avait été frappé à l'aine, et la balle était restée dans son corps. Le général le pressa d'accepter une place dans sa voiture; mais le blessé repoussa opiniâtrement ses instances. Etendu sur le sable, il se tordait en rugissant de douleur et de colère, lançant contre son rival, qui n'était plus là pour l'entendre, les plus terribles imprécations. Enfin la perte de son sang le priva de connaissance, et des pêcheurs, attirés sur le lieu du duel par l'explosion des armes à feu, le prirent dans leurs bras, et se mirent en devoir de le porter chez son père. M. Dutac et son fils arrivaient alors à Cherbourg : le premier avait été appelé par M. Berthier pour la signature du contrat; le second s'était rendu à l'invitation que son ami lui avait faite de venir à sa noce. En voyant un rassemblement près du logis de maître Evrard, ils s'approchèrent, reconnurent le blessé, et le prirent eux-mêmes des mains des pêcheurs. Le vieux médecin profita de l'évanouissement de Frédéric pour extraire la balle et poser le premier appareil sur la blessure... A peine avait-il terminé cette opération que le fournisseur et M. Berthier entrèrent dans la chambre et pâlirent d'effroi en voyant Frédéric couché sur un lit taché de sang... M. Dutac s'empressa d'aller à leur rencontre.

— Soyez sans crainte, dit-il; je réponds de sa vie...

— Mon Dieu, s'écria le fournisseur, qu'est-il donc arrivé?

— Vous allez le savoir, répondit M. Dutac;

mais il lui faut du repos afin de laisser agir le premier appareil. Mon fils va rester près de son ami, sortons...

Ils passèrent dans une chambre voisine, et l'un des témoins de Frédéric raconta toutes les circonstances du duel.

— Cousin, dit l'ex-armateur à l'oreille de M. Dutac, je pressentais cet accident, et je veux en prévenir d'autres... Le blessé aura bien la force de signer le contrat: je vais chercher ma fille...

Thérèse, en voyant entrer son maître, se leva brusquement et fixa sur lui des yeux égarés...

— Maria serait-elle déjà couchée? demanda celui-ci.

Thérèse pencha la tête sur sa poitrine et ne répondit pas... M. Berthier crut qu'elle dormait : il lui prit le bras et la secoua rudement.

— Ne me demandez rien !... s'écria t-elle; tuez-moi plutôt !

Une idée foudroyante frappa soudainement M. Berthier; il courut à la chambre de sa fille... Elle était déserte... Il appela Maria dans toute la maison, descendit au jardin, et demeura convaincu de son malheur en voyant, près de la porte ouverte, un voile que la jeune fille, dans la précipitation de sa fuite, avait laissé tomber... Il rentra dans la salle, le front couvert d'une sueur froide, et s'appuyant au mur pour soutenir ses pas tremblants...

— Partie!... murmura-t-il; elle est partie sans me voir... Elle me laisse seul avec ma vieillesse et ma douleur... O mon Dieu! s'écria le pauvre père en tombant à genoux, que vous ai-je donc fait pour me priver ainsi de mon enfant?... Prenez-moi tout le reste, mais rendez-moi ma fille... Est-ce que je puis vivre sans ma fille, mon Dieu? Est-ce que vous ne me l'avez pas donnée pour embellir mes vieux jours, pour rester avec moi jusqu'à ma dernière heure?...

Et vous n'avez pas puni celui qui me prend mon trésor, qui me tire tout le sang de mes veines, qui vient de me tuer en enlevant ma fille?...

Il s'élança vers la fenêtre.

— Au secours!... Arrêtez-le... Courez après mon assassin!... On m'a pris ma fille, au secours!... Personne... dit-il en se retournant, personne ne vient à mon aide; tout le monde est d'accord avec le ravisseur de mon enfant..... Ah! c'est toi, continua-t-il, apercevant Thérèse qui tremblait de tous ses membres, et dont le visage était couvert d'une pâleur mortelle... Tu n'étais donc pas là quand il m'a pris ma fille?...

— Oh! monsieur, dit Thérèse en embrassant ses genoux, pardonnez-moi; pardonnez à mademoiselle!

— C'est donc de son plein gré qu'elle est partie?...

— Oui, monsieur.

— Voilà le dernier coup, dit M. Berthier d'une voix sombre...

— Mais elle reviendra, mon bon maître; elle me l'a dit... Ce mariage, qui devait avoir lieu après-demain, la désespérait... Dès que vous consentirez à lui laisser épouser celui qu'elle aime...

— Malheureuse! cria le vieillard hors de lui, tu as favorisé la révolte d'un enfant contre son père... Tu as aidé ma fille à déshonorer mes cheveux blancs... Sors de chez moi, si tu tiens à la vie!..

— Grâce pour Maria! dit Thérèse...

— Non, non! dit M. Berthier furieux... Ma fille dénaturée abandonne son vieux père... Je la maudis!... Et toi je te chasse... je te chasse comme une infâme!

Thérèse presque mourante était à ses pieds; il

la saisit par les cheveux et la traîna jusqu'à la porte. La pauvre servante, égarée par la douleur et le désespoir, sortit de la maison et courut se jeter à l'eau... La marée montante rejeta son corps sur le rivage.

Le lendemain M. Berthier était fou.

XXXIX

Pendant le voyage.

— Sommes-nous toujours suivis ? dit Alfred, à voix basse, au postillon.

— Non, monsieur... La chaise de ces dames nous a dépassés à un quart de lieue d'Evreux : elles doivent avoir au moins une heure d'avance sur vous...

— Et ton camarade ne t'a pas donné d'autres éclaircissements ?

— Pardonnez-moi... Lorsque la suivante vous a vu près de la *poste aux chevaux*, il l'a entendue s'écrier : « Madame la duchesse, c'est « lui!... » Aussitôt après, il a reçu l'ordre de rebrousser chemin...

— Où va-t-on relayer maintenant ?

— A Mantes.

— Dis à celui qui te remplacera de prendre le plus tôt possible la route de Versailles, afin de nous faire entrer à Paris par une autre barrière.

Après avoir généreusement récompensé le postillon, Alfred remonta dans sa voiture... Maria, qui n'avait jamais fait un aussi long voyage, dormait accablée de fatigue, et, comme la nuit était froide, le jeune homme étendit son manteau sur les genoux de son amante. Pour lui, il lui fut impossible de dormir : il craignait que, malgré toutes les précautions qu'il pourrait prendre, la duchesse ne vînt à le découvrir à Paris, car il connaissait trop bien le caractère de Laure pour croire qu'elle se laisserait décourager par les obstacles... En effet, avant de s'expatrier, la jeune femme avait voulu faire une dernière tentative sur le cœur d'Alfred; et sa tante, vaincue par ses instances et ses pleurs, l'avait accompagnée sur la route de Cherbourg, pendant qu'on les croyait sur celle d'Italie. Elles n'avaient pour suivante que cette même femme choisie par la marquise, quelques mois auparavant, pour soigner Alfred pendant sa maladie, et qui le reconnut près d'Evreux, mais sans remarquer qu'il eût une compagne de voyage : de sorte que la duchesse sentit renaître son cœur à l'espérance... Le retour de son amant changea la résolution qu'elle avait prise de quitter la France. Par ses ordres, un exprès monta à cheval... Il fut chargé de suivre la voiture d'Alfred et de revenir ensuite à l'hôtel de la marquise indiquer le lieu où il serait descendu... De cette manière, toutes les démarches du jeune homme furent connues de la duchesse... Elle apprit bientôt qu'il habitait, avec sa *sœur*, un petit appartement, rue de Verneuil.

XL

Frère et sœur.

— Voilà ta chambre, et voici la mienne, dit Alfred à Maria... Jusqu'à ce que nous ayons fléchi ton père, tu seras ma sœur... Je te regarderai comme un dépôt sacré que le ciel a mis entre mes mains, et que je dois conserver intact,

en attendant qu'il me soit permis d'en disposer...
Je renonce aux espérances que m'offrait la bonté
de mon protecteur, parce que je veux moi-même
veiller sur toi, et que si l'on me savait toujours
le secrétaire du duc d'Etanges, on finirait par
découvrir notre asile... Si ton père essayait de te
ravir à mon amour, Maria, il aurait ma vie ou
j'aurais la sienne... Et je ne veux pas tuer ton
père!... Je me défie de ce vieillard insensé qui
allait te donner à mon odieux rival, sous prétexte de ne pas manquer à sa *parole*. Il ne faut
pas qu'il sache où je t'ai cachée... Peut-être invoquerait-il ses droits pour venir te réclamer...
Alors un crime ne m'arrêterait pas : j'ai appris à
verser le sang...

— Mon père ne peut plus refuser de nous
unir, mon ami, dit Maria, en tremblant.

— Je n'en sais rien, dit Alfred... Les hommes!... Est-il possible d'avoir foi aux hommes?...

Pourquoi nous défier de mon père ?... dit la jeune fille en effleurant de ses lèvres les joues pâles de son amant... Laisse-moi lui écrire, mon ami ; je lui prouverai tes sentiments purs, ta délicatesse, toutes tes vertus... Dis, Alfred, que tu me permets d'écrire à mon père...

— Oui, Maria, mais sans lui dire où nous sommes... Que sa réponse nous arrive à une autre adresse...

— Pourquoi cela, mon ami ?...

— Enfant !... tu me le demandes ?... Mais si Frédéric n'était pas mort ; si la balle que je destinais à son lâche cœur avait manqué ce but ?... Tu ne connais pas la bassesse de cet homme... Il serait capable de ne pas renoncer à ses prétentions, de vouloir encore t'épouser, malgré la preuve éclatante que tu viens de donner de ta haine pour lui, de ton amour pour moi... Oui, je le connais !... Et si tu étais assez imprudente pour trahir le mystère de notre retraite, la *jus-*

tice, guidée par lui, viendrait m'arracher de tes bras ; on m'emprisonnerait comme un vil séducteur ; on te rendrait à ton père, et tu serais l'épouse de Frédéric, pendant que je me briserais inutilement la tête contre les barreaux de ma prison !... Oui, Maria ; et moi, ton amant, moi qui t'ai sauvé du malheur d'appartenir à un infâme, je serais flétri, déshonoré, perdu pour toi !... Pauvre jeune fille, tu ne sais pas encore ce que c'est que le monde ; ton âme, pure comme celle des anges, ne peut comprendre la dépravation qui nous environne ; tu ne prévois pas les malheurs dont nous serions accablés... Ecoute, Maria, continua-t-il en attirant la jeune fille sur ses genoux, et en essuyant ses pleurs avec des baisers... Tu ne peux être plus en sûreté près de celui qui t'a donné la vie que tu l'es près de moi... On ne le croira pas ; mais que nous importe l'opinion des hommes ? le témoignage de notre conscience nous dédommagera de leurs injurieux soupçons... Je serai ton frère, ton protecteur, ton soutien ; mais avant de nous remettre à la disposition de ton père, il faut que nous ayons la certitude de ne plus être séparés ; il faut laisser passer les premiers instants de sa colère, l'habituer à l'idée de te sentir près de moi, le bien convaincre de la fermeté de ta résolution... Aujourd'hui, vois-tu, il me jurerait de nous unir que je ne croirais pas à sa promesse. Je le regarde comme le plus grand ennemi de notre bonheur, et je prendrai contre lui toutes les précautions que me suggèrera mon amour... Car te perdre, à présent que tu es mon bien, ma vie... à présent que je puis te voir tous les jours, m'enivrer de ton regard, respirer ton haleine, confondre nos deux âmes dans un seul baiser... te perdre à présent serait un malheur cent fois pire que la mort ; ce serait une dérision du ciel, une ironie de la Providence qui me ferait nier Dieu !... Je préférerais te voir expirer à mes pieds, recueillir ton dernier souffle et mourir après toi... Oh ! viennent ces hommes aux calculs stupides et pervers !... Qu'ils tentent de nous séparer, et je leur montrerai ce que peut un amant contre l'injustice et la corruption...Je te défendrai comme l'aigle défend son nid, comme la lionne défend ses lionceaux!...

— Nous sommes donc en danger d'être découverts, dit la jeune fille avec trouble...

Non, reprit Alfred, avec plus de calme, en voyant l'effroi qui se peignait sur la figure de son amante. Non, Maria... à moins qu'une indiscrétion ne fasse naître ce danger. Ton père doit ignorer si nous sommes à Paris : j'aurai soin que nos lettres lui parviennent d'un lieu où toutes ses recherches seront inutiles. On ne nous connaît pas ici sous notre véritable nom; tu passes pour ma sœur; et, dans nos sorties, nous prendrons des précautions pour ne pas être reconnus... Maintenant que tu as compris mes craintes, et que je viens de t'expliquer le motif de mes actions, ne songeons plus qu'au bonheur d'être ensemble... Regarde la chambre que je t'ai choisie...

— Elle est charmante ! s'écria la jeune fille, dont le visage avait repris toute sa sérénité... Que tu es bon, mon Alfred, d'avoir ainsi prévenu mes désirs et deviné mes goûts !...

Alfred n'était jamais entré à Cherbourg dans la chambre de Maria; mais Léonie la lui avait dépeinte, et il avait voulu que la nouvelle habitation de son amante ressemblât à celle qu'elle avait quittée... Maria retrouva son piano, sa harpe, ses pinceaux et ses crayons; les mêmes fleurs ornaient sa cheminée; les mêmes rideaux blancs entouraient son lit. Il y avait illusion complète, et le doux regard de la jeune fille remerciait son amant avec une expression d'amour et de bonheur.

— Ouvre ton armoire, dit Alfred en souriant.

Maria obéit, et ne put retenir un cri de surprise et de contentement, en voyant les parures les plus jolies et les plus recherchées, ces mille petits *riens* qui flattent toujours la coquetterie de la femme la plus indifférente, et dont la privation lui est si sensible... Mais bientôt une réflexion sérieuse modéra la joie de la jeune fille... Elle s'approcha d'Alfred avec un air de tristesse, prit sa main dans la sienne, et le conduisit près de l'armoire entr'ouverte.

— Mon ami, dit-elle, tous ces objets de toilette ont dû vous coûter fort cher... Vous avez oublié l'avenir pour ne songer qu'à ma satisfaction présente... Ai-je donc besoin de parures pour vous plaire?... Exigerez-vous de votre *sœur* une coquetterie qui va vous priver peut-être de choses plus essentielles?...

— C'est à moi qu'appartient le soin de prévoir l'avenir, dit Alfred, et je n'éprouve aucune inquiétude... J'ai, dans le général, un père qui ne me laissera manquer de rien... Ne pense qu'à être belle, qu'à m'aimer... Voilà tout ce que j'exige de toi.

— Tyran! dit la jeune fille en se jetant dans

les bras qu'Alfred lui tendait... Oh !-je t'aime, je t'aime!...

— Un de ces airs que nous chantions autrefois... dit Alfred en plaçant une chaise près du piano.

Maria chanta la romance suivante :

Bonheur de se revoir, après des jours d'absence...

Et lorsque le dernier couplet fut terminé, les deux amants versèrent ensemble de ces douces larmes que le bonheur fait couler... Le souvenir de leurs peines amères, leurs craintes pour l'avenir s'effaçaient entièrement devant la joie d'être réunis.

XLI

Malédiction.

M. Dutac partageait ses soins entre Frédéric et le vieil armateur; mais il ne conservait pas l'espérance de rendre à celui-ci la raison qu'il avait perdue, à moins qu'une émotion forte, causée par le retour de sa fille, ne vînt aider les faibles ressources de l'art. Il avait fait lui-même les recherches les plus actives pour découvrir l'endroit où les deux amants s'étaient retirés, et jusqu'alors ces recherches avaient été sans résultat ; les renseignements obtenus des maîtres de poste étaient contradictoires... On n'en recueillit aucun qui indiquât sûrement la route qu'avaient prise les fugitifs. M. Dutac était désespéré, lorsqu'une lettre, datée de Rouen, lui fit penser que sa jeune cousine devait être dans cette ville. Il résolut de s'y transporter lui-même, mais avant il voulut essayer l'effet que produirait sur M. Berthier la lettre de sa fille.

Le pauvre père était assis devant un grand feu et grelotait, par un beau soleil, au milieu du mois de mai. Sa tête était nue, et ses cheveux tombaient en désordre sur ses tempes creuses et jaunies... Il se retourna au bruit que fit M. Dutac en entrant...

— Ce n'est pas encore elle... Qu'elle est longue à venir ! dit-il... Et il reprit sa première position, fixant des yeux immobiles sur la flamme du foyer...

M. Dutac plaça la lettre entre les mains du vieillard, pensant qu'il en reconnaîtrait l'écriture... Il secoua tristement la tête en le voyant rester froid et impassible.

— Quelle heure est-il? demanda M. Berthier.....

— Il est midi, mon cousin....

— Et ma fille ne vient pas! dit le malheureux père en poussant un profond soupir.

— Non, dit M. Dutac, mais elle vous écrit...

— Ah!... sans doute elle a été retenue : elle s'excuse de m'avoir fait attendre... Lisez-moi cela...

— Cette lettre porte le timbre de Rouen... Votre fille est à Rouen.... comprenez-vous?

— Oui.... je comprends...

— Elle vous conjure de lui donner pour époux ce jeune homme... avec lequel elle est partie.

M. Berthier tressaillit.

— Partie, dites-vous?... Ma fille, partie avec un jeune homme.... sans m'avertir?... Ah! c'est vrai; c'est vrai, mon cousin... Il y a de cela... quinze jours, n'est-ce pas? et, depuis ce temps, j'ai beau l'attendre.... elle ne vient pas... Elle s'est sauvée bien loin de son père!... Laissez-moi : je lirai cette lettre seul et j'y répondrai... Sortez, vous dis-je! et respectez les secrets d'un père!...

— Allons, j'ai bon espoir, se dit, en sortant, le vieux médecin. Voilà déjà un moment lucide... La présence de sa fille achèvera de le guérir.

M. Berthier lut d'une voix haute et ferme la lettre de Maria.

« Je vous écris à genoux..... Grâce, mon
« père!

« Il a fallu que je fusse bien malheureuse
« pour me résoudre à vous chagriner ainsi ; mais
« vous ne vouliez pas croire à ma douleur... J'al-
« lais contracter un mariage que repoussaient
« tous les sentiments de mon âme; j'allais deve-
« nir la femme d'un monstre!... car vous le sa-
« vez comme moi, mon père, celui que vous me
« destiniez est un calomniateur... Or, un calom-
« niateur est un infâme!... L'idée d'appartenir
« à un pareil homme me faisait mourir ; je ne
« me sentais pas le courage de vous résister en
« face, de lutter contre la volonté paternelle...
« J'ai revu celui que j'aime; je l'ai suivi.....
« pardonnez-moi!

« Si vous connaissiez Alfred ; si vous pouviez
« apprécier comme moi toute la noblesse de son
« cœur!... Mon père, mon bon père.... dites,
« est-ce que vous voudriez le malheur de votre
« enfant?... Oh! vous n'avez pas la force de me

« refuser : vous savez comme je l'aime... Nous
« nous mettons tous deux à vos pieds... Votre
« bénédiction, mon père! et nous reviendrons
« près de vous...

MARIA.

« *P. S.* Votre lettre nous parviendra avec
« cette adresse : *A. D.*, *poste restante*, *à*
« *Rouen.* »

Le vieillard relut plusieurs fois ce post-scriptum, comme s'il eût eu peine à en croire ses yeux.

— Ainsi, murmura-t-il d'une voix concentrée, elle ne veut pas me voir!... Elle tremble que je ne la sépare de son séducteur; car elle n'aime que lui... Et moi, moi, son père, elle ne m'aime pas; elle me donne un coup mortel; elle tue son père pour conserver son amant!... Oui, tenez... lisez cette lettre... Elle ne veut pas me voir!...

Se levant alors avec précipitation, les cheveux hérissés, la bouche écumante, il s'abandonna aux plus violents transports de fureur.

— Ma fille ingrate s'est assise dans ces fauteuils, dit-il... Rien, plus rien qui me rappelle sa présence!... Et il brisa tous les siéges du salon.

— Cette pendule a marqué l'heure de sa fuite... elle n'indiquera pas celle de son retour... Il jeta la pendule à terre.

— Ces glaces ont été souillées par son image : je ne veux plus qu'elles reproduisent la mienne! Il lança des chaises contre toutes les glaces, et, lorsqu'il fut entouré de débris, il poussa de grands éclats de rire; puis, s'approchant d'une table, il écrivit ces mots à Maria d'une main tremblante de colère :

« Loin de te donner ma bénédiction..... je te maudis.... je te maudis!!! »

Il cacheta la lettre et mit l'adresse.

— C'est bien, dit-il, je n'ai plus d'enfant...

Et, sans prendre de chapeau, il courut lui-même porter sa lettre à la poste... M. Dutac revenait de visiter Frédéric, dont la blessure n'offrait plus aucun danger ; il rencontra le vieil armateur, qu'une troupe d'enfants suivaient dans la rue, et le ramena chez lui.

— Je vais aller à Rouen, dit M. Dutac.

— Oui..... répondit machinalement M. Berthier.

— Reprenez donc votre tranquillité d'esprit, mon cousin... Nous marierons votre fille à ce jeune Daniel, puisque nous y sommes forcés; et moi, je donne Hortense à Frédéric... Ainsi nous aurons deux mariages à la fois.

— C'est cela, dit le fou... Et tout en faisant les préparatifs de la noce, commandez un cercueil....

— Pour qui ?

— Pour moi...

— Bah!... je vous garantis encore vingt-cinq ans à vivre.

— C'est ce que nous allons voir... Il saisissait en même temps un couteau qui se trouvait sous sa main, lorsque le vieux médecin prévint son intention et le lui arracha; puis, le prenant au travers du corps, il le transporta de force sur son lit... Pendant deux jours et deux nuits, M. Berthier eut des accès de fureur presque continuels; il maudissait sa fille avec des cris de de rage, frappait violemment tous ceux qui l'approchaient, et ce ne fut qu'en lui pratiquant de fréquentes saignées que M. Dutac parvint à modérer les transports de sa folie... Il le plaça sous la surveillance de son fils, auquel il adjoignit deux hommes vigoureux, et partit pour Rouen.

Il est inutile de dire que ses recherches furent

vaines. Tout ce qu'il put apprendre fut que le conducteur de l'une des voitures de Paris était venu prendre, quelques jours auparavant, une lettre à l'adresse qu'il indiquait... M. Dutac écrivit à Maria pour lui faire part de l'état où se trouvait son père et l'engager à revenir près de lui... Mais cette lettre resta au bureau de la poste.

La jeune fille n'apprit que la malédiction lancée sur elle... pendant qu'Alfred était frappé d'un autre coup non moins terrible.

XLII

Le général à Alfred.

Vous me demandez des secours : veuillez ne plus compter sur moi... Je vous ai prodigué mes bienfaits tant que je vous en ai cru digne ; mais comme il me devient impossible de vous estimer davantage, je vous abandonne... Vous avez dégradé le sang qui coule dans vos veines : car votre père avait de nobles sentiments, jeune homme ; il aurait renié son fils s'il l'eût reconnu coupable d'une vile action... Moi je vous dis, au nom de votre père, que vous êtes un homme sans honneur !... Vous êtes bien jeune encore pour savoir ainsi étouffer dans votre conscience la voix des devoirs : il en est cependant dont les passions les plus violentes ne peuvent causer l'oubli, et, ceux-là, vous les avez foulés aux pieds... Vous avez déshonoré votre protecteur !...

Et, quand vous auriez eu l'âme assez basse pour ne pas sentir la reconnaissance, vous deviez songer que le duc d'Etanges était mon ami ; vous deviez reculer devant l'idée de livrer à la douleur les derniers jours d'un vieillard... Je regrette que le duc ne m'ait pas fait connaître plus tôt votre ignoble conduite... j'aurais pu sauver une jeune fille de la séduction, épargner de cuisants chagrins à un malheureux père...

Félicitez-vous, monsieur !... le duc d'Etanges

expire, et M. Berthier est devenu fou... Vous seul avez produit tous ces maux.

Lorsque le colonel mourut dans mes bras, je lui promis de veiller sur sa famille... Il me recommanda surtout son fils; mais il ne prévoyait pas que ce même fils dût un jour souiller son nom... Je suis dégagé de ma promesse.

Il est inutile de m'écrire encore : ni votre justification, ni de nouvelles demandes ne seraient accueillies... Je vais quitter Cherbourg, et votre sœur me suivra.

Le général Belmont.

XLIII

Dernier espoir.

Qui pourra dire tout l'amour contenu dans le cœur d'une femme, tous les tourments auxquels son âme est en proie au jour de l'abandon?... Frêle et timide créature, née pour aimer et souffrir, nous lui demandons du bonheur ; nous flattons son oreille de douces paroles de tendresse ; nous lui faisons entrevoir un avenir de roses et de parfums... Puis, lorsque ses lèvres ont murmuré des aveux, lorsqu'elle nous a tendu les bras, et qu'elle n'a plus à nous offrir que sa constance, nous la laissons lourdement tomber des cieux !... Pauvre femme ! son amant est froid près d'elle, et cependant elle l'aime encore... Son amant l'abandonne, et, pour ne pas succomber à sa douleur, elle se représente son image au milieu de ses larmes ; elle vit de souvenir et d'espérance ; elle croit lui rendre l'amour qu'il n'a plus, et pouvoir réchauffer un cœur entouré d'une triple couche de glace... Ange exilé, retourne plutôt à ton premier séjour... La terre n'est point faite pour toi...

Deux mois s'étaient écoulés depuis le retour d'Alfred à Paris. La duchesse habitait un quartier retiré, où elle vivait sans autre compagnie que celle de la marquise, qui venait régulièrement, chaque jour, passer deux heures avec sa nièce. Laure avait écrit à Alfred, et n'avait pu recevoir de réponse, puisque celui-ci n'était connu que sous un nom supposé...

Cependant l'infortunée duchesse allait être mère... Et ce n'était qu'à son amant qu'elle pouvait demander de la compassion...

Un jour, en venant la voir comme de coutume, la marquise ne la trouva plus. On lui remit un billet que sa nièce avait laissé pour elle; il contenait ces mots :

« J'attriste vos derniers jours, ma bonne
« tante, et je dois être seule malheureuse...
« Vous ne me reverrez plus, à moins que je ne
« fléchisse la dureté de celui qui est le père de
« mon enfant... Si mon dernier espoir est trom-
« pé, je n'aurai plus qu'à mourir ! »

Laure avait loué un appartement rue de Verneuil, dans la maison qu'habitaient Alfred et Maria. Elle avait dépouillé son titre de duchesse et renoncé à tout ce qui, dans son extérieur, aurait pu faire soupçonner son rang, et servir d'objet à la curiosité ou à d'impertinentes poursuites. On croyait dans le monde qu'elle avait suivi madame de Courville en Italie; et Laure était assuré de la discrétion de sa tante, qui, seule, pouvait trahir le secret de son séjour dans la capitale.

Habiter près de son amant était pour elle un bonheur. Tous les jours elle voyait Alfred entrer et sortir, mais sans vouloir en être remarquée... Elle attendait ce moment, appelé par tous ses vœux, où la voix d'une femme qui tient son nouveau-né dans ses bras a tant d'influence sur le cœur d'un père.

— Non, se disait-elle, Alfred n'aura pas la cruauté de me repousser encore... Il retrouvera des regards de tendresse pour moi, qui lui ai tout sacrifié, pour son enfant, que je déposerai sur ses genoux, qui bientôt pourra lui sourire et lui tendre les bras... Il n'a pas oublié ces jours heureux où nous le demandions au ciel, cet enfant qu'il désirait comme moi, avant que la mort de sa mère ne vînt donner naissance à ses remords. Aimer serait-il donc un crime, quand, au milieu d'une vie d'angoisses et de souffrances, l'amour seul nous offre du bonheur?... Celui qui nous a placés dans cette triste vie peut-il exiger une résignation plus forte que la nature?... Vous n'êtes point un tyran, mon Dieu!... Vous aurez pitié d'une pauvre femme qui n'a pu résister à l'impulsion de son cœur; vous me rendrez Alfred.... car l'enfant auquel je vais donner le jour resterait sans soutien, et vous ne voudrez pas que cette innocente créature soit privée des caresses et de la protection d'un père... Vous ne souffrirez pas qu'une autre, qui ne peut avoir mes droits, me ravisse mon amant et le rende insensible à mon désespoir!...

La jeune femme passait ainsi les heures à espérer et à prier le ciel... Au moindre bruit qu'elle entendait dans les chambres voisines, elle prêtait l'oreille, reconnaissait les pas et la voix d'Alfred, et faisait les plus violents efforts pour ne pas aller se précipiter dans ses bras. Lorsqu'elle l'entendait sortir, elle se plaçait à la fenêtre et le regardait, au travers d'un voile, aussi long-temps qu'elle pouvait le suivre des yeux... Un jour elle remarqua sur son visage une tristesse profonde, et crut même distinguer la trace de ses larmes...

— Oh! pensa Laure, s'il regrettait de m'avoir quittée... Si ces pleurs avaient été versés pour moi !

Un autre jour elle vit Maria au bras du jeune homme, et une idée soudaine, une espérance de bonheur traversa son âme... Elle résolut de se faire une amie de celle qu'elle croyait être la sœur d'Alfred, et de profiter de la première absence de son frère pour lui rendre visite et l'intéresser à son sort.

XLIV

Plus de pain.

— Eh bien! mon ami?... demanda Maria en courant embrasser Alfred qui rentrait soucieux, et dont la mélancolie semblait s'être accrue par quelque fâcheuse nouvelle...

— Toujours rien, Maria!.., dit le jeune

homme avec amertume. L'éditeur de mon premier ouvrage prétend qu'il aurait perdu s'il n'avait été couvert de ses frais... Mon drame est reçu, mais il ne sera pas représenté de sitôt; enfin j'ai demandé une place, et je doute fort que je l'obtienne; car, ajouta-t-il avec un frémissement involontaire, où trouver un protecteur?... à présent que le duc d'Etanges est mort... Aujourd'hui j'ai rencontré son convoi...

— Mais sa veuve te connaît... peut-être...

— Il n'y a rien à espérer de ce côté, s'empressa de dire le jeune homme, qui, tour à tour, pâlit et devint pourpre... Madame la duchesse n'est pas en France...

— Ne te décourage pas, mon ami! dit Maria, effrayée de l'émotion qu'elle remarquait sur les traits d'Alfred, et bien éloignée d'en deviner la cause... Le malheur ne nous poursuivra pas toujours...

Alfred regarda tristement la jeune fille, et ses

yeux se mouillèrent de larmes... Maria dépérissait de jour en jour, consumée par le chagrin... Elle n'osait pas confier à son amant ses douloureuses pensées et l'effroi que lui causait la malédiction de son père.

— Tu es souffrante, Maria?

— Non, dit-elle en s'efforçant de sourire... Mais toi, mon ami, tu n'as pas mangé depuis ce matin... J'ai voulu te préparer à dîner... tu as oublié de me laisser de l'argent.

— En voici, dit Alfred.

Il étouffa péniblement un soupir... C'était la seule pièce qui lui restait... Maria sortit pour acheter des provisions.

— Elle ne saura pas encore la cruelle position où nous en sommes réduits! s'écria le jeune homme. Je ne veux la lui faire connaître qu'à la dernière extrémité...

Et, s'élançant dans la chambre de Maria, il

ouvrit précipitamment le tiroir où elle resserrait ses bijoux, les prit et retira la clé... Puis, il revint s'asseoir, aussi pâle, aussi tremblant que s'il venait de commettre un crime.

— J'y suis forcé, murmura-t-il... Si le sort m'est contraire, notre malheur ne sera pas mon ouvrage... Il devra être imputé à cet homme qui ne m'a comblé d'abord de bienfaits que pour m'en rendre la privation plus sensible... Il pourra se le reprocher aussi, ce vieillard stupide qui maudit sa fille, comme s'il devait ignorer que Dieu se charge toujours d'exécuter la malédiction d'un père!... Mais une partie de cette malédiction retombera sur ta tête, vieillard... Malheur à toi! car tu nous a placés sur le penchant d'un gouffre... et, si nous y tombons, tu y rouleras après nous... Notre agonie sera la tienne; notre mort sera ta mort!...

Alfred entendit Maria monter l'escalier... Il s'efforça de reprendre du calme.

— Mon ami, dit la jeune fille en plaçant sur la table ce qu'elle venait d'acheter pour le dîner, j'ai rencontré tout à l'heure une dame fort aimable qui m'a invitée à prendre le thé ce soir avec elle.... Son appartement est voisin du nôtre...

— Et tu as accepté l'invitation ?

— Non... J'ai voulu savoir si cela te ferait plaisir.

— Maria, tu iras chez cette dame, mais lorsque j'aurai pris des informations... D'ailleurs, c'est à elle à te rendre la première visite, puisqu'elle veut avoir avec toi des relations d'amitié.

— Tu as raison, mon ami.

— Cependant, dit Alfred, tu peux répondre à sa politesse tout en n'allant pas chez elle... Il est possible que cette société te convienne, et j'en serais charmé, car tu dois t'ennuyer beaucoup pendant mon absence...

— Lorsque je pense à toi, dit Maria, je ne m'ennuie jamais...

— Cher ange!.. Mais tu penses aussi quelquefois à ton père?... Tu pleures lorsque tu es seule, et devant moi tu caches ta tristesse...

— Hélas! je n'ai plus de père! dit Maria penchée sur le sein d'Alfred, et donnant un libre cours à ses larmes... Il ne me reste au monde que toi pour appui... Je suis maudite!...

— Enfant! dit Alfred, et il la pressa doucement sur son cœur... Ton père rétractera cette malédiction... Peut-être allons-nous recevoir une lettre qui nous comblera de joie : car j'a chargé le conducteur de Rouen de voir s M. Berthier nous a écrit... Je suis sûr que ton père se repent des paroles échappées à sa première douleur.

— Que le ciel t'entende! dit Maria.

— Et puis, mon amie, quand même il ne serait pas changé à notre égard, il nous reste un moyen de le fléchir.

— Lequel? demanda la jeune fille.

— Dieu n'a pas besoin du consentement des hommes... Un de ses ministres peut recevoir nos serments à l'autel. J'ai pensé à ce prêtre qui, par ses révélations, m'a fait voler à ton secours. Il connaît l'injustice dont nous sommes victimes, et ne nous refusera pas la bénédiction nuptiale... Alors nous irons embrasser les genoux de ton père, et pourra-t-il encore se montrer inflexible?... Aura-t-il la cruauté d'invoquer la loi pour annuler un mariage contracté devant Dieu?...

— Oh! tu es mon sauveur! s'écria la jeune fille.

— Mais, dit Alfred, nous devons employer d'abord tous les moyens de persuasion... J'écrirai moi-même, et j'ai l'espoir que nous obtiendrons enfin une réponse favorable... Quel est ce papier? demanda-t-il à la vue d'un billet déployé sur la table...

— C'est une invitation du propriétaire à payer le premier terme de notre loyer, répondit Maria.

Elle vit tressaillir Alfred; mais celui-ci lui donna le change sur ce qu'il éprouvait intérieurement.

— Cet homme a peur, dit-il... J'aurais dû le payer d'avance... Il le sera demain... peut-être ce soir; je dois sortir... Et toi, mon amie, tu iras engager cette dame à venir ici prendre le thé, plutôt que chez elle... Nous saurons ensuite si tu peux continuer à la voir.

Alfred, en sortant après le dîner, fut obligé de s'appuyer à l'angle de la porte cochère de la maison, car il se sentait près de défaillir...

— Voyons, du courage! se dit-il... La nécessité m'y entraîne, et la honte est à ceux qui m'abandonnent...

XLV

La maison de jeu.

Essayez encore de mettre en problème la moralité de notre siècle, lorsque nous avons vu fermer ce gouffre béant où s'engloutissaient, depuis de longues années, l'honneur des familles, l'avenir de la jeunesse, les sueurs du peuple!... La postérité pourra dire un jour :

« Il fut un temps où l'immoralité s'étalait, hideuse, sous la protection des lois... Une société, dont les calculs étaient basés sur les passions des hommes, achetait, de ses millions, le droit de s'approprier les fortunes, et de ruiner *légalement* l'espèce humaine... Elle ouvrait des salons où se réunissaient autour d'un tapis vert,

« Le filou cherchant à doubler le résultat de sa coupable industrie ;

« Le riche blasé, dont le jeu seul pouvait réveiller les sensations éteintes ;

« Le malheureux n'ayant plus que le pain d'un jour, et qui jouait sa vie contre une espérance illusoire ;

« Le prodigue invoquant un caprice du sort pour récupérer un argent follement dissipé ;

« L'homme sans cœur qui, s'épargnant la peine du travail et le soin de gagner honorablement sa vie, passait les heures à suivre les évolutions de la bille d'ivoire, ou les cartes tombant de la main du *banquier*, combinait les chances, calculait sur le hasard, et chaque jour emportait son gain;

« Tous ceux, en un mot, que l'avidité, la débauche, l'indigence, les rêves de l'imagination et l'espoir de sortir brusquement d'une sphère trop étroite pour les désirs insensés de leur cœur, conduisaient dans les maisons de jeu.....

Mais l'an de grâce *mil huit cent trente-huit* a tué le vampire!»... Il reste bien la Bourse où l'on joue des millions, par l'intermédiaire d'un agent de change, qui peut compromettre vingt fortunes : mais la Bourse est un palais... On y descend en équipage!... Au lieu que les joueurs *prolétaires*, guidés par la lueur blafarde du numéro suspendu au tripot, s'y glissaient en cachette, dans la crainte de rencontrer un visage connu... C'étaient, l'ouvrier qui perdait le produit de ses travaux de la semaine, et souffrait ensuite de la faim; le commis qui trahissait la confiance de son maître, et qui, au sortir d'une maison de jeu, choisissait entre le bagne et le suicide ; l'étudiant qui, pour augmenter l'actif de son budget, exposait son trimestre au *trente-et-un* et contractait des dettes onéreuses à sa famille... Mais à la Bourse se montrent le grand seigneur, le ministre, le pair de France... Arrière, manants ! ceux-là seuls peuvent jouer sans honte... Et puis il est rare qu'ils aient le mauvais ton de se brûler la cervelle ou de se jeter à la Seine après une perte ; ils peuvent jouer sur parole, et regagner le lendemain le double de ce qu'ils ont perdu la veille... Et si la fortune s'obstine à les poursuivre, il leur reste encore la ressource de passer en chaise de poste à l'étranger... Honneur donc au dix-neuvième siècle, qui ferme les maisons de jeu, et laisse subsister la Bourse !

. . . .
. . . .

— *Rouge* gagne et *couleur !* disait la voix rauque et monotone du banquier.

Un jeune homme, dont la figure était couverte d'une pâleur effrayante, s'empressait de ramasser la somme qu'il avait placée sur le tapis quelques secondes auparavant.

— Attendez, monsieur, lui dit-on : vous n'êtes pas payé... Voulez-vous un billet?...

— Donnez-moi de l'or.

— Si vous m'en croyez, dit au jeune homme un individu qui se trouvait à ses côtés, vous continuerez le paroli... Laissez tout à la *rouge.*

— Soit !

— Rien ne va plus! dit le banquier... Quarante... Six... *Rouge* gagne et couleur perd !...

— N'avais-je pas raison ? dit le conseilleur... Cette fois, mettez à la *noire.*

Alfred sortit de la maison de jeu, les poches remplies d'or.

— Oh ! le ciel du moins ne m'abandonne pas ! s'écria-t-il en pleurant de joie : il vient de sauver Maria de la misère et de me rendre l'espérance...

XLVI

Deux cœurs pour un amour.

Laure et Maria étaient assises sur une terrasse contiguë à la chambre d'Alfred... C'était à la fin du mois de juillet; le bruit de la ville commençait à s'éteindre, et la lune brillait dans un ciel sans nuage. Une douce fraîcheur et le parfum de quelques rosiers épars sur la terrasse rendaient cette nuit délicieuse après une journée brûlante... Les deux femmes gardèrent un long silence, car la duchesse était émue au dernier point, et Maria considérait avec attendrissement cette jeune et belle créature ainsi délaissée au moment d'être mère... En rencontrant le regard de Maria, Laure y lut tout l'intérêt qu'elle prenait à sa situation...

— Voulez-vous être mon amie ? lui dit-elle du ton le plus doux de sa voix.

— Madame, répondit la jeune fille, dès le premier instant que je vous ai vue, mon cœur a désiré votre amitié... J'ai compris que vous aviez des peines... la sympathie du malheur doit nous réunir.

— Oh! oui, dit la duchesse, j'ai des peines bien amères!... Mais puisque vous consentez à être mon amie, je commence à redevenir heureuse... Vous êtes la seule personne au monde qui puisse me sauver du désespoir.

Ces derniers mots furent prononcés avec une tristesse si vraie, si profondément sentie, que Maria fut glacée de crainte.

—Oh! dites, madame, s'écria-t-elle, que puis-je faire pour vous?...

En même temps elle s'approchait de la duchesse et la regardait avec une compassion si naïve et si touchante, que Laure l'attira sur son cœur, et la tint étroitement embrassée.

— Bonne jeune fille! je vous avais jugée d'avance, et le ciel est touché de mes pleurs, puisqu'il m'a inspiré le dessein de m'adresser à vous... Alfred vous aime... Vos prières unies aux miennes...

— Vous connaissez donc mon frère, madame?...

— Appelez-moi Laure, dit la duchesse, et moi je vous appellerai Léonie... Je n'ai pas oublié votre nom : Alfred m'a souvent entretenue de sa mère et de vous... Dites-moi, Léonie, continua-t-elle, en reprenant la main de la jeune fille, que celle-ci avait retiré par un mouvement involontaire, ne vous a-t-il jamais parlé de sa pauvre Laure?... Ne se reproche-t-il pas le cruel abandon où il m'a laissée?... Léonie, il faut que vous sachiez toute l'étendue de mon amour : j'ai renoncé pour lui aux titres les plus brillants, à la fortune, à l'estime du monde; j'ai quitté mon époux... Oh! je suis bien coupable! mon époux est mort. Les journaux se sont chargés de me l'apprendre, car je n'étais pas là pour recevoir son dernier soupir... J'étais ici, près d'Alfred, tout entière à la joie de le revoir, à l'espérance de le ramener à moi.

— De grâce! attendez son retour, s'écria Maria dont l'agitation était extrême... J'ignore, madame, ce que vous voulez dire... Ah! laissez-moi, je ne veux rien savoir!...

— Avouez au contraire que vous savez

tout... Je le vois au changement que mes paroles ont produit dans votre âme... Vous comprenez que celle qui est devant vous est la duchesse d'Etanges, et vous méprisez la femme infidèle qui a marché sur tous ses devoirs d'épouse pour devenir la maîtresse de votre frère... Eh bien! oui, méprisez-moi, jeune fille; rejetez avec horreur ces offres d'amitié que vous aviez acceptées avant de me connaître... Mais ayez au moins pitié d'une pauvre mère qui vous implore à genoux, qui ne demande de l'amour que pour son enfant!... Léonie, c'est l'enfant de votre frère.

Oh!... mais c'est affreux!... s'écria la jeune fille avec l'accent de la plus poignante douleur... Taisez-vous, madame... taisez-vous; je ne suis pas la sœur d'Alfred...

— Vous n'êtes pas sa sœur? dit la duchesse: qui donc êtes-vous?...

Elle regarda fixement Maria qui se rejetait en

arrière avec effroi... Et c'était une position terrible que celle de ces deux femmes placées en face l'une de l'autre, avec le même amour et les mêmes espérances, et dont les révélations étaient autant de coups mortels... La duchesse retenait avec force Maria qui voulait fuir...

En effet, dit-elle, vous ne lui ressemblez pas... C'est donc une rivale que je rencontre en vous?... sans doute, vous êtes cette jeune fille pour laquelle il m'a quittée au moment où l'honneur et la foi des promesses devaient l'engager à rester près de moi?... Il vous appelait alors sa fiancée... seriez-vous aujourd'hui son épouse?.. Répondez! ajouta Laure, en élevant impérieusement la voix... Je vous l'ordonne!

La jeune fille, dominée par la puissance morale de la femme du grand monde, fléchit sur ses genoux, et dit en joignant les mains :

Laissez-moi partir, madame... Vos paroles me tuent...

— Je vous ai demandé si vous étiez son épouse ?... répéta Laure... Et sa main se contractait avec violence sur le bras de la jeune fille.

— Non... dit Maria d'une voix éteinte.

— Eh bien ! puisque vous n'avez comme moi, que le titre de maîtresse, il faut que l'une de nous cède la place à l'autre... et j'ai des droits que vous n'avez pas...

— Oh ! je ne demande qu'à mourir, dit Maria... Laissez-moi, je vous en conjure !... J'ignorais ce que vous venez de m'apprendre, et maintenant, vous le voyez bien, madame, je ne puis plus vivre...

Se dégageant alors avec désespoir des bras de la duchesse :

— Ne me retenez pas !... s'écria-t-elle. Plus

qu'une autre, vous avez intérêt à désirer ma mort... Du moins vous n'aurez pas assez d'autorité pour me forcer à vous entendre, lorsque chacune de vos paroles me fait saigner le cœur... Vous savez vous mettre au dessus du remords, vous, madame!... C'est en marchant sur une tombe à peine fermée que vous venez vous offrir à votre ancien amant... Aujourd'hui que vous êtes libre, il devra préférer la grande dame à la pauvre jeune fille qu'il a trompée, qu'il a fait maudire par son père!... Oui, madame la duchesse, vous avez des droits que je n'ai pas. . Alfred vous appartient, car vous devez tous deux expier un crime... Moi, je mourrai pure, et Dieu me pardonnera!...

Laure, comme frappée de la foudre, resta sans faire un mouvement, sans prononcer un mot... et la jeune fille s'enferma dans sa chambre...

Bientôt des cris d'alarme retentirent dans

toute la maison... On rapportait Maria qui s'était précipitée, du troisième étage, sur le pavé de la rue... Ses membres étaient brisés ; le sang coulait à longs flots sur sa chevelure; mais elle respirait encore... Et lorsqu'en ouvrant les yeux elle aperçut, près de son lit, un jeune homme en proie à la plus violente douleur, elle lui tendit la main, essaya de lui sourire, et mourut en prononçant son nom.

. . . .
. . . .

— C'en est fait, dit Alfred... son cœur a cessé de battre; ses yeux n'ont plus de regards... Elle est morte... morte!!!

Se tournant alors, muet et brisé par la douleur, vers les personnes qui se trouvaient dans la chambre, comme pour les interroger sur les causes de ce tragique événement, il vit une femme à genoux, et poussa un cri de rage... C'était la duchesse qu'il traîna près du lit...

— Ainsi, lui dit-il d'une voix sépulcrale, en lui montrant le cadavre... c'est toi qui me l'as tuée!...

— Pitié pour moi! s'écria Laure... Pitié pour votre enfant!...

— Horreur! dit Alfred.

Il repoussa la duchesse, qui tomba évanouie, lui passa sur le corps et disparut de l'hôtel... Ce ne fut que dans la matinée du surlendemain qu'il revint le bras en écharpe, et le front ouvert par un coup de sabre... Il avait cherché la mort en se joignant aux combattants de juillet, et, n'ayant pas réussi à se faire tuer, il avait voulu revoir encore une fois Maria... Deux cercueils attendaient à la porte... La duchesse, à peine revenue de son évanouissement, était accouchée d'en enfant *mort*, auquel elle n'avait survécu qu'une heure... En apprenant cette nouvelle, Alfred ne manifesta pas la moindre émotion...

— Pourquoi ces draperies noires? demanda-t-il en montrant le cercueil de Maria... Il faut du satin blanc et des fleurs... Elle était vierge!...

Puis il fit ouvrir le cercueil et prit un dernier baiser sur les lèvres pâles de la morte...

— Adieu, dit-il, toi que j'ai tant aimée!... Dieu m'a cruellement puni d'une erreur d'un jour... mais j'ai lu ton pardon dans tes yeux mourants, et j'irai te rejoindre...

Deux corbillards s'avancèrent lentement au milieu des rues désertes, car le canon grondait encore; l'un prit le chemin du Père-Lachaise, l'autre se dirigea vers le cimetière Mont-Parnasse. Le gardien de ce cimetière, sur le point d'en fermer les portes, alla relever un jeune homme qui, depuis le milieu du jour, sanglotait étendu sur la dernière fosse recouverte... Il le mit dehors.

XLVII

Suicide.

C'était à l'heure où tout repose, depuis l'indigent en lambeaux jusqu'à l'homme des palais, où le sommeil ferme tous les yeux, si ce n'est l'œil du malheureux... de sombres nuages pesaient sur les airs, et dans leur sein couvait la foudre. Que cette nuit était terrible!...

Un homme était debout sur le parapet du pont au Change; le ciel grondait sur sa tête, à ses pieds coulait l'eau profonde... Et, quand brillait l'éclair, si l'on eût entrevu sa jeune et noble figure déjà flétrie par le malheur, ses joues caves et décharnées, ses cheveux noirs flottant en désordre sur un large front, on se serait cru en présence du génie des tempêtes... L'infortuné fixait tour à tour d'un œil hagard le ciel et l'abîme; sa main se contractait sur sa poitrine comme pour étouffer les battements de son cœur... et sa voix sombre et délirante jetait ces mots sur les vents :

« Je te salue, nuit solennelle, noir orage, crise de la nature, moins violente que celle de mon âme... Et toi, fleuve, qui seras mon tombeau, je te salue! »

Et la foudre grondait... puis la voix reprenait...

« La vie!... qu'est-ce donc que la vie, quand on n'a plus d'espérance?... une terre sans rosée... un ciel sans étoiles... La vie sans espérance!... c'est une torturante agonie, un vêtement d'opprobre que l'on doit déchirer et lancer loin de soi! »

La foudre gronda... puis la voix reprit encore...

« Moi je n'ai plus d'espérance... et je meurs!... je meurs après tous mes beaux rêves de gloire et d'amour... parce que devant moi se dressa la fatalité qui me poussait au crime quand j'avais un cœur né pour la vertu... Elle a changé mon bonheur en larmes; redoublé, pour me nuire, la perversité des hommes; ouvert, sous les pas de tous ceux que j'aimais, l'abîme de l'infortune... Elle a résumé, pour moi, dans une seule année, toute une vie de déboires... malédiction!

La main du malheureux essuyait sur son front une sueur glacée, et ses membres se crispaient au milieu des convulsions du désespoir...

— Génie des mondes, s'écria-t-il, si je suis

coupable de ne plus vouloir souffrir, ma mère et Maria te prieront pour moi... Voilà l'existence que tu m'as donnée : je te la rends !... Cette coupe de la vie, je la trouve trop amère : je la brise... Terre de malheur, adieu !

Et la foudre éclata plus terrible; l'éclair suivit l'éclair en déchirant la nue... et dans les flots on entendit un bruit semblable à celui d'une masse qui tombe, un gémissement... puis le silence...

Le lendemain, sur la pierre de la Morgue, était un cadavre que personne ne venait reconnaître...

. . . .
. . . .

Le même jour, au Havre, sur le pont d'un vaisseau qui faisait voile pour New-York, une jeune fille avait adressé à la terre de France un dernier adieu, tout en priant le ciel pour le bonheur de son frère... Elle était appuyée sur le bras d'un vieillard décoré.

Un mois après, dans l'église paroissiale de Cherbourg, un autre vieillard pleurait de joie en voyant le mariage de Frédéric et d'Hortense... C'était M. Berthier qui croyait marier sa fille.

FIN.

TABLE DES MATIÈRES.

Tome second.

I	Un second amour.	Pages	1
II	Ne fermez pas le volume.		17
III	Les deux carabins.		21
IV	Le jour de l'an.		37
V	Les étrennes.		45
VI	L'album.		55
VII	Projets de bonheur.		63
VIII	En province.		77
IX	Hortense à Maria.		91

X	Maria à Hortense.	Pages	95
XI	Hortense à Maria.		97
XII	Maria à Hortense.		99
XIII	Le départ.		101
XIV	Une amie.		109
XV	Léonie à son frère.		119
XVI	La même au même.		123
XVII	Le général à Alfred.		125
XVIII	Au milieu d'une fête.		127
XIX	Le délire.		139
XX	M. Evrard à son fils.		147
XXI	Le carnaval à Paris.		151
XXII	A la Courtille.		165
XXIII	La thèse du docteur.		177
XXIV	Le retour.		191
XXV	Une soirée d'hiver.		199
XXVI	Hortense à Maria.		209
XXVII	Maria à Hortense.		213
XXVIII	La même à la même.		217
XXIX	Le convalescent.		221
XXX	L'énigme expliquée.		235
XXXI	Révélation.		243
XXXII	Maria à Hortense.		253
XXXIII	Hortense à Maria.		255
XXXIV	Maria à Hortense.		259

TABLE DES MATIÈRES.

XXXV	Dutac à Frédéric.	263
XXXVI	Frédéric à Dutac.	267
XXXVII	En un jour.	269
XXXVIII	Trop tard.	289
XXXIX	Pendant le voyage.	297
XL	Frère et sœur.	304
XLI	Malédiction.	311
XLII	Le général à Alfred.	321
XLIII	Dernier espoir.	325
XLIV	Plus de pain.	331
XLV	La maison de jeu.	339
XLVI	Deux cœurs pour un amour.	345
XLVII	Suicide.	356

FIN DE LA TABLE DU TOME SECOND ET DERNIER.

Sous presse, pour paraître incessamment.

GUILLAUME DE CHAMPLITTE,

PAR ALEXANDRE DUMAS.

UN NOUVEAU ROMAN DE M. EUGÈNE DE MIRECOURT.

2 vol. in-8º.